臺灣歷史與文化 研究輯刊

五 編

第 11 冊

施梅樵及其漢詩研究（下）

林翠鳳 著

花木蘭文化出版社

國家圖書館出版品預行編目資料

施梅樵及其漢詩研究（下）／林翠鳳 著 — 初版 — 新北市：
花木蘭文化出版社，2014〔民 103〕

目 2+170 面；19×26 公分

（臺灣歷史與文化研究輯刊 五編；第 11 冊）

ISBN：978-986-322-643-7（精裝）

1. 施梅樵 2. 臺灣詩 3. 詩評

733.08 103001765

ISBN-978-986-322-643-7

臺灣歷史與文化研究輯刊

五 編 第十一冊 ISBN：978-986-322-643-7

施梅樵及其漢詩研究（下）

作 者 林翠鳳
總 編 輯 杜潔祥
副總編輯 楊嘉樂
編 輯 許郁翎
出 版 花木蘭文化出版社
社 長 高小娟
聯絡地址 235 新北市中和區中安街七二號十三樓
　　　　 電話：02-2923-1455 ／傳眞：02-2923-1452
網 址 http://www.huamulan.tw 信箱 hml810518@gmail.com
印 刷 普羅文化出版廣告事業
初 版 2014 年 3 月
定 價 五編 24 冊（精裝）新台幣 48,000 元

施梅樵及其漢詩研究（下）

林翠鳳　著

目

次

附錄一　施梅樵佚作彙編

【編輯凡例】

一、凡施梅樵文學作品、經比較已經出版的《捲濤閣詩草》與《鹿江集》之後，而未見編入二書者，不計體裁，均爲本彙編收錄對象。因題爲「施梅樵佚作彙編」。

二、本彙編進行輯佚的主要參考文獻包含四大類：其一爲日治時期報紙期刊，如：《臺灣日日新報》、《詩報》、《臺灣文藝叢誌》等；其二爲漢詩總集，如：《東寧擊鉢吟前、後集》、《臺灣詩醇》等；其三爲詩人別集，如：《詹作舟全集》、《松月書室吟草》；其四爲集錦，如：梅樵書法作品、張麗俊《水竹居主人日記》等。所有出處皆逐一註明於作品題註中，以昭公信，並俾便覆檢。其有一題複見多處者，均併錄標示之。

三、本彙編凡組詩者，於各詩之後加（一）、（二）等字樣，俾便一目了然。其有缺漏字或原刊模糊難辨者，概以□表示之。其有異文考辨者，部分於當頁註中存錄說明。

四、本彙編作品採編年法序列之。相關年代日期之取得，或據作者自註，或據詩文發表時日，或據內容或相關事件推考所得等。各作品年代皆以作者所處時代的紀年編繫之，並附加公元紀年，俾便比對。其未詳日期者則統編於後。

五、本彙編共分三卷：卷一、明治、大正時期作品，卷二、昭和時期作品，卷三、戰後時期作品。另，已見文件而文字難辨者及部分私人書信，末附存目以備察。各卷作品數量多寡不一，蓋依蒐集所得爲據分類之。

卷一　明治、大正時期作品

贈林耀亭〔註1〕

戰罷文場隔十春，此回相見更情親。

不無亂世傷離別，尚有名山位主賓。

笑我臥游成懶癖，羨君梅鶴老吟身。

清流繞樹禽巢屋，幽處應教撲俗塵。

花氣〔註2〕

微雨蒸成香世界，暖風吹出玉闌干。

喜晤黃林兩先生賦呈兼留別〔註3〕

天風吹散客衣塵，北轍南轅笑一身。

相見翻嫌今日晚，舊交未及貴情真。

偕來琴劍行猶壯，借助江山筆有神。

莫怪匆匆旋欲別，梅花忍負故園春。

喜晤黃林兩先生賦呈兼留別　疊前韻再呈〔註4〕

烽火當年十丈塵，得邀天眷寄閒身。

孤山久識林和靖，仙島又逢黃道真。

詩□梅花多瘦骨，酒□竹葉更清神。

騷壇何幸張旗鼓，回首文場又幾春。

題黃封翁植璧世伯寫照〔註5〕

古人不可作，直道存人間。對此把清芬，使我開心顏。

憶昔昇平日，父老依故山。指揮當世事，麟鳳相追攀。

〔註1〕 見林耀亭《松月書室吟草》頁102。臺北：龍文出版社，1992年。原詩未繫年，惟首句之「戰罷文場」，據同書頁31梅樵〈林耀亭弔辭〉云：「癸巳科試，先生與鄙人同受知顧鼎臣學使」，可知梅樵與耀亭於癸巳（光緒19年，1893）同年考上秀才。因將「隔十春」一語逆推，知本詩大約作於明治36年（1903）。

〔註2〕 見王松《臺陽詩話》〈陳槐庭〉條。臺灣文獻叢刊第34種。王松《臺陽詩話·自序》謂該書成於光緒31年（1905）乙巳秋月，因暫序於該年。

〔註3〕 《臺灣日日新報》第2688號1版，明治40年（1907）4月21日。刊於詞林。署名「在斗六　施梅樵」。

〔註4〕 《臺灣日日新報》第2688號1版，明治40年（1907）4月21日。刊於詞林。

〔註5〕 《臺灣日日新報》第3481號1版，明治42年（1909）12月4日。刊於詞林。

時余方穉弱，珠玉傾樽前。冀望在遠大，勉力師聖賢。
令嗣歌芹藻，才橫筆如椽。諸孫復承志，軼吟詩百篇。
交情忝世好，重結文字緣。披圖一見示，面目尚依然。
神乎寫生乎，留與後世傳。桑田與滄海，今古幾變遷。
此圖永不朽，先生萬斯年。

冬夜黃如泉茂才招飲席上賦呈〔註6〕

酒香燈熱宴陽春，裙屐東南盡主賓。
對菊自憐吟骨瘦，倒樽爲洗客衣塵。
斯文一脈僅存果，作手千秋有替人。
忽動平生哀樂感，匆匆下筆亦傳神。

贈林獻堂〔註7〕

春風深巷閒娉婷，長使青樓誤得名。
不惜捲簾通一顧，怕君著眼未分明。

送李春塗留學東京〔註8〕

心事搴雲自不虛，忍教辟處送居諸。
莫嫌負笈程千里，異地搜求著古書。（一）
名山勝景說扶桑，領取風光入錦囊。
暇□還尋徐福墓，人言仙去屬荒唐。（二）
學問應從遠處求，鄉心莫更問歸舟。
勸君努力加餐飯，況復毫無內顧憂。（三）
不及江頭把酒樽，生驚折〔註9〕柳易銷魂。
相期得意歸成早，莫使高堂日倚門。（四）

〔註6〕《臺灣日日新報》第3556號1版，明治43年（1910）3月8日。刊於詞林。詩
　　　後附漫評：「抑鬱牢騷之氣，溢於行間，令讀者生無限感慨。」

〔註7〕施梅樵贈林獻堂行書中堂，收在梁基德《清翰林等科舉名家墨跡藏珍》頁112，
　　　彰化福興：作者自印，2001年7月再版。落款：「壬子蒲節書於菜園五桂樓　獻
　　　堂詞兄哂正　梅樵」。壬子蒲節乃大正元年（1912）端午節。鈐印：白文：「施
　　　天鶴印」，朱文：「梅樵一字蜕奴」。132*62公分。原無題，爲便於稱引，因由
　　　編者代擬標題。

〔註8〕《臺灣日日新報》第4378號3版，大正1年（1912）8月7日。刊於詞林。

〔註9〕「折」，原誤作「哲」，報上已見塗改，今從正。

述懷〔註10〕

酒債吟魔日糾纏，昂藏七尺負強年。

世情領略辛酸味，生計羞權子母錢。

古劍悲來頻斫地，殘燈夢醒枉憂天。

棄家且逐江湖願，筐笠簑衣一釣船。

秋日子敏見過招游公園贈之以詩〔註11〕

翠壁蒼崖桂落暉，海天回首雨霏霏。

狂吟助我銷鄉思，羈旅憑君寄客衣。

兒女多情當入夢，湖山雖好不如歸。

此身何僅千歲計，著作年來願未違。（一）

雄心老至未消磨，阮籍窮途哭且歌。

百變風雲經眼幻，十年湖海閱人多。

我材自分成樗櫟，隻手無從假斧柯。

贏得閒閒脩野史，名山歲月忍蹉跎。（二）

秋日病中孔昭子敏子昭過訪席上話舊示之以詩〔註12〕

相見悲歡集，長歌風雨來。飄零憐落葉，消息問寒梅。

對酒渾忘病，能詩豈是才。傾將滄海淚，感舊有餘哀。（一）

沙鳥翻翻白，蘺花簇簇黃。溪聲環戶牖，秋色滿衣裳。

詩藉江山助，人緣著作忙。客情差可遣，未敢怨淒涼。（二）

難得二三子，天涯聚一時。汝才清比玉，我髮亂如絲。

家信逢人寄，衰顏畏妾知。蓴鱸鄉味好，空繫季鷹思。（三）

漁舟〔註13〕

〔註10〕《臺灣日日新報》第4435號3版，大正1年（1912）10月5日。刊於詞林。
詩後附漫評：「牢騷滿腔。發爲文字。眼中之人。誰拔爾之抑塞磊落。」

〔註11〕《臺灣日日新報》第4438號3版，大正1年（1912）10月8日。刊於詞林。
詩後附漫評：「一起有笠釣青茫茫之慨。俯仰身世。發爲文章。阮籍之歌哭。
不獨爲窮途已也。」

〔註12〕《臺灣日日新報》第4473號3版，大正1年（1912）11月14日。刊於詞林。
詩後附漫評：「家信逢人寄是尋常語。衰顏畏妾知作□語却是艷語。」

〔註13〕《臺灣日日新報》第4818號6版，大正2年（1913）11月7日。題下原註：
「限寒韻」。捲濤樓小集詩，左詞宗施家本，右詞宗施梅樵，分別得第左元、
左臚。

泛宅浮家意未闌，更從東海一垂竿。

何當載得□溪老，共為中原策治安。（一）

生涯一艇老江干，世上功名冷眼看。

□笠簑衣消受慣，不愁風雨過嚴灘。（二）

武陵源裡寄身安，絕好生涯在釣竿。

紅樹半江人放棹，得魚歸去夕陽殘。（三）〔註14〕

遊竹溪寺〔註15〕

疎雨寒煙鎖斷橋，清流響應鹿門潮。

佛門此日猶香火，老樹臨風莫動搖。

健僕隨身憐舊侶，閒僧開口說前朝。

听經猿鶴頻來往，金罄紅魚破寂寥。

拜歲蘭〔註16〕

半生空谷隱幽香，未向珠宮上綠章。

一自葭灰吹動後，爭編椒頌獻春王。

贈渡邊詞友〔註17〕

滄桑以後薄功名，酣飲狂歌頗慰情。

立雪程門稱弟子，講經渠閣愧先生。

融衡只作忘年契，金石如聞擲地聲。

旗皷詞場各努力，由來筆戰抵談兵。

冬日小集〔註18〕

梅花破雪菊凝霜，賓主東南聚一堂。

喜絕能詩千里客，不殊王勃赴南昌。

〔註14〕《臺灣日日新報》第4822號6版，大正2年（1913）11月11日。得第左錄。
〔註15〕《臺灣日日新報》第4867號3版，大正2年（1913）12月27日。刊於詞林。
　　　　詩後附漫評：「竹溪荒廢。以金罄紅魚點出。宛如老樹耆花。」
〔註16〕《臺灣日日新報》第4872號63版，大正3年（1914）1月1日。得第廿七。
〔註17〕《臺灣日日新報》第4892號3版，大正3年（1914）1月23日。刊於詞林。
　　　　詩後附漫評：「萬種消磨情不死，有情人當共洒同情之淚矣。」
〔註18〕《臺灣日日新報》第4893號3版，大正3年（1914）1月24日。

春日喜孔昭詞友至〔註19〕

北遊十日肯追陪，青鳥先傳一紙來。

下榻何曾辜舊約，哦詩且自出新裁。

病中潘岳容如削，老去馮唐口懶開。

窮達還須歸造化，勸君努力待風雷。

石川翁以秋感大作索和因次瑤韻〔註20〕

斗牛星逼劍光寒，就斬蛟龍血未殘。

萬里戰塵環大海，百年王氣在長安。

網羅麟鳳資名器，筆削春秋仗史官。

此日相逢惟飲淚，愁懷強半藉詩寬。

和廖煥章君韻〔註21〕

去鳥行雲未許攀，離筵別曲□江關。

醫時何處求靈藥，摩厲遠須斫野菅〔註22〕。

愧我無緣謀一面，與君相望隔重山。

忘年更做神交友，潘岳風流鬢半斑。（一）

望遠成登海上樓，中原戰爭幾時休。

半石媧式天能補，斧藉吳剛月可修。

千古枉填精衛恨，一生空抱杞人憂。

蓬萊舊是神仙地，擷得瓊芝種且留。（二）

過一鑑軒〔註23〕

疎竹橫門水抱村，南飛有鳥怨黃昏。

草堂無恙人何處，一度來游一斷魂。（一）

雞黍何曾負約來，東籬紫菊報初開。

秋光似解時人意，留待重陽勸舉杯。（二）

〔註19〕《臺灣日日新報》第4923號3版，大正3年（1914）2月24日。

〔註20〕《臺灣日日新報》第4978號3版，大正3年（1914）4月22日。

〔註21〕《臺灣日日新報》第4979號6版，大正3年（1914）4月23日。

〔註22〕「菅」，原誤作「管」，今改。

〔註23〕《臺灣日日新報》第5183號n01版，大正3年（1914）11月21日。刊於南瀛詞壇。

過瑞芝堂〔註24〕

　　湖綠山光逢畫堂，天然淡墨寫秋粧。

　　家因好客多收□，地未栽花試□桑。

　　王□一門佳子弟，祖榮千古美文章。

　　主賓久作忘年友，相見惟應祝健康。

子敏攜其令先慈遺像索題賦此酬之〔註25〕

　　陳生耽誦蓼莪篇，陟彼□兮心悽然。

　　況復髫齡夭所怙，□□昆弟低相憐。

　　饑誰食之寒誰衣，鞠育賴有母氏賢。

　　即今伯仲各成立，報恩無地空呼天。

　　猶幸粧□曾寫照，妙筆何慚唐□□。

　　珠冠霞帔尚漢制，顏色宛如見生前。

　　陳生披頼涕淚垂，我欲下筆心憂煎。

　　詩成諄諄告陳生，莫讓祖□快著鞭。

　　十年博取卿與相，震□海外慰九泉。

過北斗蒙諸君子治酒即席賦贈〔註26〕

　　回首前游已十年，重來風景益淒然。

　　舊交淪落今餘幾，此恨綿綿欲訴天。（一）

　　天涯借酒作重陽，又累名花勸舉觴。

　　歌舞場中詩思遠，題楹竟勝劉郎。（二）

遊北斗雜咏〔註27〕

　　南轅北轍老吟身，染遍青衫五斗塵。

　　到處登臨猶有句，江山當勿笑勞人。（一）

〔註24〕《臺灣日日新報》第 5183 號 n01 版，大正 3 年（1914）11 月 21 日。刊於南瀛詞壇。

〔註25〕《臺灣日日新報》第 5186 號 n01 版，大正 3 年（1914）11 月 25 日。刊於南瀛詞壇。

〔註26〕《臺灣日日新報》第 5186 號 n01 版，大正 3 年（1914）11 月 25 日。刊於南瀛詞壇。詩後附漫評：「□□□以樹立，不辱其先，大得風人之旨。」

〔註27〕《臺灣日日新報》第 5203 號 n01 版，大正 3 年（1914）12 月 12 日。刊於南瀛詞壇。詩後附漫評：「瀟阮籍窮途之淚，興漸離擊筑之悲。詩則跌宕淋漓，不可卒讀。」

一溪流水半溪煙，十里平蕪接遠天。

揭起車簾時縱目，人家隱在夕陽邊。（二）

一冠耆舊敞如星，往事傷心不忍聽。

我愛及時且行樂，但教長醉莫教醒。（三）

席上吳孃唱竹枝，聲聲掩抑寫幽悲。

相逢且忍窮途淚，強向歌筵□敷巵。（四）

烏衣門巷獨低緡，人物風流付劫灰。

慰絕故交王仲濬，更逢稽紹洛陽來。〔註28〕（五）

歸心恰似箭□弓，坐聽秋宵唧唧蟲。

更對鄉人說鄉事，別愁多少略相右。〔註29〕（六）

冬夜竹軒小集贈以倫懷德〔註30〕

破寂臨寒計未迂，強吟一字勝於無。

遠歸父老迎洪皓，好學兒童識謝敷。

善譚藉君消蝶夢，探囊費我覓驪珠。

相逢舊雨休嗟老，珍重餘生保此軀。

例授修職郎陳漢臣翁遺像題字〔註31〕

人世傀儡場，富貴似作戲。消受得幾時，百年只夢寐。

生前費經營，死後甘拋棄。輿論定蓋棺，立名實匪易。

惟翁能好名，讀書自奮志。科第艱一衿，文戰鋒不利。

及身歷滄桑，避囂老衡泌。弘景居山中，宰相應位置。

兼善其本懷，荒凶肯布施。投轄舊家風，奇正留一醉。

與我忘年交，下榻禮尤備。玉樹滿階前，仲子人中驥。

〔註28〕原註：「謂伯楳伯爻。」

〔註29〕原註：「謂子敏伯牙。」

〔註30〕《臺灣日日新報》第 5220 號 n01 版，大正 3 年（1914）12 月 29 日。刊於南瀛詞壇。

〔註31〕本詩原題於永靖餘三館陳有光畫像。轉錄自張瑞和編《詹作舟全集‧六‧傳統詩篇‧下》頁 460。永靖鄉：詹作舟全集出版委員會，2001 年 11 月初版。詩末原註：「甲寅（1914）十月余適有北斗之行，沿途訪汝甘。時漢臣翁作古巳幾年，汝甘素純孝，爰將其令先嚴遺像索題。余不才，祇就其事實書五古一篇，工拙所不計也。　梅樵施天鶴敬題」。甲寅乃大正 3 年（1914）。

翁死亦何傷，繼起多哲嗣。我今故畫閱，忽下知已淚。

數言敘遺徽，聊補銘墓誌。

例授孺人陳母詹孺人寫照題字〔註32〕

一幅長生畫，千秋仰母儀。衣裳遵舊制，歌頌賦新詩。

儉德金閨彥，慈懷繡閣師。兒孫今繞膝，勝事說含飴。（一）

食報原無義，萱花慶永年。鬚眉出巾幗，禮讓屬釵鈿。

勗學情尤篤，憐貧念益堅。半生惟造福，努力種心田。（二）

此夜華堂上，婺星耿耿明。丁男皆笑貌，子婦有歡聲。

家境堪娛老，村居更適情。丹青真面目，寵錫倍光榮。（三）

故孝廉黃召周先生遺照題字〔註33〕

丈夫入世間，封侯固其志。年少習弓馬，功名可立致。

詎知世局變，今昔已殊異。遺老抱隱憂，毋寧時俗棄。

惟君棟樑材，堪作廊廟器。理政幾多年，鄉閭莫訾議。

西去忽騎鯨，聞之應下淚。面目付丹青，形神果無二。

翹瞻古衣冠，亦覺為涕泗。

癸酉清和下澣　施梅樵拜題五古一章

過嘉義〔註34〕

夕陽紅處見諸羅，客思茫茫發浩歌。

徂倚樓閣頻縱目，風光却比故鄉多。（一）

舊遊如夢渺無痕，人世滄桑感覆盆。

往事不堪諮父老，淒涼又度古城門。（二）

〔註32〕本詩原題於永靖餘三館陳有光夫人畫像。轉錄自張瑞和編《詹作舟全集・六・
傳統詩篇・下》頁461。詩末原註:「甲寅冬十月，余訪汝甘時，孺人尚健康，
可喜言笑如常。汝甘攜其寫照，囑余題句。爰成五律三章以酬其意，非敢謂
能詩也。　梅樵施天鶴敬書」。甲寅乃大正3年（1914）。圖像收錄於李建緯
主持《彰化縣古蹟中既存古物登錄文化資產保存計畫・第二期》頁186，彰
化：彰化縣文化局，2003年3月。

〔註33〕本詩原題於員林興賢書院黃召周先生畫像。圖像收錄於李建緯主持《彰化古
蹟中既存古物登錄文化資產保存計畫・第二期》，頁189，彰化：彰化縣文化
局，2003年3月。

〔註34〕《臺灣日日新報》第5306號4版，大正4年（1915）3月29日。刊於詩壇。

張進國君邀飲席上贈葉德旺君〔註35〕

鬢邊染雪慚吾老，舌底生蓮愛汝才。

賓主東南成雅集，舉樽呼□月明來。（一）

雄辯高談四座驚，天涯邂逅不勝情。

即今競尚維新學，願汝□年志竟成。（二）

輓鄭毓臣詞丈〔註36〕

凶耗驚傳鄭廣文，幾回搔首對斜曛。

斷愁泉下知無劍，埋骨閩中尚有墳。

故國河山作衾枕，平生事業付風雲。

鰲風一面成長別，他日重遊更憶君。

瀛桃兩社詩會適染眼並不能赴席賦此敬呈諸詞宗〔註37〕

昨夜群仙奏大羅，廣寒宮外一經過。

縱無飽聽鈞天樂，分得清音逐病魔。

敬步內田民政長官瑤韻〔註38〕

德政仁聲遍外藩，潛移默化古風敦。

萬千廣廈儂襟抱，豈獨區區一□恩。

過錫口賦贈諸詞客〔註39〕

過佳山水□□旬，涼□□□□客塵。

不枉訪君留竟日，好因綠會變□人。（一）

地北天南聚一時，藉留鴻□一題詩。

百年□□能相見，況有微霜染鬢絲。（二）

和韻（林鍾英〈送別施梅樵先生〉）〔註40〕

拼欲騷壇日夕陪，歸心千里早飛回。

〔註35〕《臺灣日日新報》第 5361 號 1 版，大正 4 年（1915）5 月 24 日。刊於南瀛詞壇。後附漫評：「下筆輕如蟬翼，覺有淋漓不盡之致。」

〔註36〕《臺灣日日新報》第 5394 號 3 版，大正 4 年（1915）6 月 27 日。刊於南瀛詞壇。

〔註37〕《臺灣日日新報》第 5394 號 3 版，大正 4 年（1915）6 月 27 日。刊於南瀛詞壇。

〔註38〕《臺灣日日新報》第 5439 號 3 版，大正 4 年（1915）8 月 12 日。

〔註39〕《臺灣日日新報》第 5439 號 3 版，大正 4 年（1915）8 月 12 日。刊於南瀛詞壇。

〔註40〕《臺灣日日新報》第 5439 號 3 版，大正 4 年（1915）8 月 12 日。又收在林鍾英《梅鶴齋吟草》頁 64，新竹：新竹市立文化中心。1998 年 6 月。

我非徐匯勞安榻，君比孫登合築臺。
劫外相逢惟飲淚，客中多病不持杯。
從今訂作忘年契，魚雁還期日往來。

和韻〔註41〕

伯仲風流□一鄉，季方盛德比元方。
才名世□播雙陸，詩派君眞近晚唐。
作客却慚身漸老，□□莫笑口頻張。
臨□最是依依處，不盡交情酒幾觴。

和韻（戴還浦〈席上有感賦呈施梅樵先生〉）〔註42〕

【文字渲墨難辨！】

和韻（張息六〈送別施梅樵先生〉）〔註43〕

蓬島群仙笑泛觴，累他月府小憐忙。
慚無妙句酬良友，難得詩人集遠方。〔註44〕
衣帶風流羊叔子，文章雅望駱賓王。
勸君莫漫傷離別，歸去佳吟喜□□。

和韻（劉篁村〈送施梅樵先生歸館〉）〔註45〕

身世浮沉可奈何，狂瀾未挽志消磨。
□君□就眞□角，際會風雲莫放過。

和韻（失名〈謝施梅樵先生惠詩兼以送別〉）〔註46〕

狂吟浪博一時名，到處留題借遣情。
我不□蕉□紅葉，揮毫落紙帶秋聲。（一）

康成書帶□留名，□閱人爭說□荊。

〔註41〕《臺灣日日新報》第5446號3版，大正4年（1915）8月19日。
〔註42〕《臺灣日日新報》第5446號3版，大正4年（1915）8月19日。戴還浦作見該報同版。
〔註43〕《臺灣日日新報》第5451號3版，大正4年（1915）8月24日。張息六作見該報同版。
〔註44〕原註：「謂櫻井先生。」
〔註45〕《臺灣日日新報》第5455號3版，大正4年（1915）8月28日。劉篁村作見該報同版。
〔註46〕《臺灣日日新報》第5455號3版，大正4年（1915）8月28日。失名作見該報同版。

一面論交□下榻，豫章太守此多情。（二）

和韻（汪式金〈敬呈施梅樵詞宗〉）〔註47〕

抗手來登上□壇，筆鋒閃閃□池寬。

愛君詩□雄於我，師事還宜杜與韓。

和韻（王石鵬〈送施梅樵先生南歸〉）〔註48〕

斫地狂歌孰□□，王郎千古最情□。

□卒分手傷心□，未忍攜樽話□□。

和韻（鄭蘊石〈送別施梅樵詞宗〉）〔註49〕

崎嶇世路逼榛荊，觸我天涯無□情。

欲藉登臨添□□，芒鞋竹杖還□行。

和韻（鄭養齋〈喜陪施梅樵先生依還浦先生元韻〉）〔註50〕

狂歌□飲與方，枉遭求人大是□。

三徑菊松老元亮，十年風雪臥袁安。

近江□跋□□□，繞□蟬琴乙乙彈。

□福如君消受足，□中當作畫圖□。

和韻（鄭幼佩〈送施梅樵詞兄□□卽乞郢正〉）〔註51〕

亡羊大□嘆多歧，去□來牛未可期。

幻術□□誇□□，□□單于欲匡時。

論交□□□能久，嗜□情□悔已遲。

洗盡豪華公子氣，儐門許客□征時。

次王瑤京君韻〔註52〕

□代風流擅一時，烏衣家世說義之。

〔註47〕《臺灣日日新報》第5455號3版，大正4年（1915）8月28日。汪式金作見該報同版。

〔註48〕《臺灣日日新報》第5455號3版，大正4年（1915）8月28日。王石鵬作見該報同版。

〔註49〕《臺灣日日新報》第5462號3版，大正4年（1915）9月5日。鄭蘊石作見該報同版。

〔註50〕《臺灣日日新報》第5469號3版，大正4年（1915）9月11日。刊於南瀛詞壇。

〔註51〕《臺灣日日新報》第5468號3版，大正4年（1915）9月11日。

〔註52〕《臺灣日日新報》第5470號1版，大正4年（1915）9月13日。

綠波春草江淹賦，潭水桃花李白詩。

強學□□□孺子，欲傾肝膽資屠兒。

滿腔憂憤知□□，其奈言情下筆□。

和韻（羅炳南〈席上贈施梅樵詞兄〉）〔註53〕

登臨到處容歌嘯，興趣何勞問淺深。

我愛偷閒時覓句，知君脈脈有□心。

和韻（太瘦生〈席上呈錫口諸詞兄〉）〔註54〕

風流耿臺月廬處，聯吟一夕□良緣。

憑□□□□人句，采石□□問謫仙。

錫口□□〔註55〕

□□江□□□山，兩三村舍有無間。

□身□得□泉劍，斫□狂歌□□顏。（一）

投轄留□□主□，□時廣□□□災。

□□□作□□□，□□□吟我□感。（二）

夜坐□船□□贈君〔註56〕

小庭環坐夜披襟，皓月青燈□客心。

□絕階前多玉樹，他年拭目看成蔭。

留別錫口南港諸東道〔註57〕

身世蜉蝣付陸沉，沿途詩酒繫歸心。

足魚不學彈馮鋏，顧曲何須理蔡琴。

人到中年傷離別，我思暇日補登臨。

聯情筆墨交尤切，時盼郵筒寄好音。

秋日子敏寄書來詢近狀作時答之〔註58〕

北窗午夢尚蓬蓬，遠雁啣來一紙書。

〔註53〕《臺灣日日新報》第5470號1版，大正4年（1915）9月13日。羅炳南作見該報同版。

〔註54〕《臺灣日日新報》第5473號3版，大正4年（1915）9月16日。刊於南瀛詞壇。

〔註55〕《臺灣日日新報》第5473號3版，大正4年（1915）9月16日。刊於南瀛詞壇。

〔註56〕《臺灣日日新報》第5487號3版，大正4年（1915）10月1日。

〔註57〕《臺灣日日新報》第5488號3版，大正4年（1915）10月2日。

〔註58〕《臺灣日日新報》第5523號6版，大正4年（1915）11月9日。刊於詩壇。

慚愧故人相問訊，無聊閒煞種花鋤。（一）

沈郎病起減腰圍，倚仗江頭看水飛。

未必收功資杞菊，南方天氣尚炎威。（二）

客愁縱藉濁醪寬，薄飲無魚亦寡歡。

却喜秋來占鵲語，時人眷屬總平安。（三）

桃李門墻次第栽〔註59〕，他年佇看艷爭開。

風流黃憲添詩興，更把登臨句寄來〔註60〕。（四）

仙侶蓬壺足遺情，雙溪咫尺即山城〔註61〕。

老夫猶有雄心在，白戰騷壇忍負盟〔註62〕。（五）

慣倚斜陽理釣絲，鱸魚味美不愆期。

傷心我亦如張翰，怕聽村童唱竹枝。（六）

文章憎命語非誣，不信人間盡險途。

一伏病魔驅不去，東方到底遜朱儒〔註63〕。（七）

講堂一席喜平分，舌劍唇鋒迴出群。

暇日休辭吟咏苦，府中才雋不如君〔註64〕。（八）

慶養老典〔註65〕

紫芝朱草慰宸衷，擊筑當筵歌大風。

鶴髮童顏分兩向，太平萬歲位居中。

慶饗老典〔註66〕

嘉餚旨酒享多儀，揚我仁風扇一枝。

白髮老人逢盛典，不禁喜氣溢雙眉。

〔註59〕原註：「太瘦生驚仙近寄詩來。」
〔註60〕原註：「黃生雪樵近日由基隆寄登臨詩四絕甚佳。」
〔註61〕原註：「嘉義名曰山城。」
〔註62〕原註：「每月一次到嘉與諸君子唱和。」
〔註63〕原註：「謂于昭久病未瘥。」
〔註64〕原註：「貴宗族惟弟詩才雋逸無匹。」
〔註65〕見臺灣總督府官房文書課編《壽星集》頁167。大正5年（1916）3月。
〔註66〕見臺灣總督府官房文書課編《壽星集》頁167。大正5年（1916）3月。

敬和升三先生瑤韻奉呈〔註67〕

中年漸悔負春華，書劍無成莫漫誇。

久困蛟龍雲失路，貪閒鷗鷺水為家。

欣逢舊雨身逾健，得近名山願轉奢。

知否蓬萊仙露潤，肯分餘澤到凡花。

春日偕諸賢過訪升三先生席上賦呈〔註68〕

溪山如畫薄雲籠，春思吟情一望中。

訪舊不辜雞黍約，只愁忙煞主人翁。

自知瓦缶比雷鳴，其奈詩懷觸處生。

三徑好風初夜雨，不妨秉燭上歸。

喜門人楊爾材過訪〔註69〕

上燈時節卸吟裝，訪我來尋醉墨堂。

為洗客塵初夜雨〔註70〕，却慚老態半頭霜。

有緣踐約斟樽酒，無計敲詩負錦囊。

昔日神交今晤面，能禁握手喜如狂。

望海〔註71〕

極目滄溟戰氣高，偏師當日濟臨姚。

中原無復安瀾慶，對此汪洋首幾搔。

過訪爾材弟留飲歸後却寄即次其韻〔註72〕

醉臥乾坤有古廬，仙遊乘輿駕雲車。

聚芝張果身仍健，携劍□敎習未除。

相對幾時偏負酒，苦留不住豈無魚。

〔註67〕見張麗俊著、許雪姬等解讀《水竹居主人日記》「大正 5 年（1916）3 月 10 日」頁 306，臺北：中央研究院近代史研究所，2001 年 8 月初版。張升三作見該書同頁。

〔註68〕見張麗俊著、許雪姬等解讀《水竹居主人日記》「大正 5 年（1916）3 月 11 日」頁 307。

〔註69〕《臺灣日日新報》第 5843 號 3 版，大正 5 年（1916）10 月 5 日。刊於南瀛詞壇。

〔註70〕原註：「是夜微雨。」

〔註71〕《臺灣日日新報》第 5891 號 6 版，大正 5 年（1916）11 月 25 日，題下原註：「限豪韻」。得第右八左十一。刊於竹社詩壇，左詞宗績紹堯、右詞宗閻石秋。

〔註72〕《臺灣日日新報》第 5902 號 3 版，大正 5 年（1916）12 月 6 日。刊於南瀛詞壇。

行程莫笑匆匆甚，畢竟歸心急箭如。

喜門人丕烈過訪有賦兼寄懷壽眉叔〔註73〕

經年消息仗鱗鴻，一點犀心默默通。

與弟均沾今日雨〔註74〕，乃翁大有古人風。

客邊話舊難爲別，座上號詩不計工。

底事遠來偏忍去，歸期怪汝太匆匆。

哭詩人王瑤京〔註75〕

昨宵惡夢已驚人〔註76〕，凶耗傳來信益眞。

自是始終情貫注，離魂千里也相親。（一）

苦吟嘔藍平生血，斫地王郎慷慨歌。

有此作才傷不遇，紅羊蒼狗淚尤多。（二）

七字詩成費苦心，柏梁近體重詞林〔註77〕。

相逢便願下風拜，老幹無枝獨賞音。（三）

下車急遽到君家，病勢平平不太差。

誰□幽明成異路，萬行老淚灑梅花。（四）

竹城兩度駐塵裝，回首前遊惹斷腸。

人事浮雲同聚散，一年朋輩幾淪亡〔註78〕。（五）

魏篤生先生暨令繼配潘孺人輓聯〔註79〕

風雨暗文星，凡屬交遊同灑淚／乾坤留正氣，競傳閨閣肯捐軀

暮春夜雨〔註80〕

中宵風雨撲簾旌，倚枕哦詩夢未成。

〔註73〕《臺灣日日新報》第5924號3版，大正5年（1916）12月28日。刊於南瀛詞壇。

〔註74〕原註：「謂丕謨。」

〔註75〕《臺灣日日新報》第5924號3版，大正5年（1916）12月28日。刊於南瀛詞壇。第一～三首又收在《捲濤閣詩草》頁17，題作〈輓王瑤京〉。

〔註76〕原註：「未樓訃之前二日夢中得君凶耗。」

〔註77〕原註：「君工近體詩。」

〔註78〕原註：「去年至今林錦川戴還浦爾茂才及君先後作古悲夫。」

〔註79〕《臺灣日日新報》第5992號6版，大正6年（1917）3月6日。刊於詩壇。

〔註80〕見張麗俊著、許雪姬等解讀《水竹居主人日記》「大正6年（1917）4月27日」頁36，臺北：中央研究院近代史研究所，2001年8月初版。

春草池塘傳有句，落花庭院聽無聲。
殄時雪染双衰鬢，懷舊愁添一短檠。
起舞我非劉越石，不眠辜負曉雞鳴。

許國瀾君招飲席上賦贈諸君子〔註81〕

賓主東南集小園，一梳明月照開樽。
不才自愧非徐孺，下榻難酬仲舉恩。

贈許少逸君〔註82〕

豆棚瓜架納涼時，強向吟筵盡一卮。
爭說老夫多傲骨，逢君端合乞軍醫。

贈近樗弟〔註83〕

重遊有約未曾違，破曉停車一叩扉。
且喜此行偏不負，堂前看舞老萊衣。
竟日羅山共往來，情深師弟肯追陪。
驛亭分手愁無那，心緒如雲撥不開。

大正旅館遇雨書感〔註84〕

雨聲滴碎夢魂寒，六月涼生客枕單。
數盡更籌終不寐，起看曙色靠闌干。

雪友雪滄招飲賦此道謝竝送近樗歸打貓〔註85〕

徵逐歌場老漸慵，藉陪吟宴拓心胸。
樽前不忍听驪唱，一別雲山隔幾重。

客中送王又新君之臺南〔註86〕

風塵同是悲秋客，羨煞劉綱挈小妻。

〔註81〕《臺灣日日新報》第6137號3版，大正6年（1917）7月29日。詩末原註：
「是夜留宿」。
〔註82〕《臺灣日日新報》第6160號3版，大正6年（1917）8月21日。
〔註83〕《臺灣日日新報》第6160號3版，大正6年（1917）8月21日。
〔註84〕《臺灣日日新報》第6160號3版，大正6年（1917）8月21日。
〔註85〕《臺灣日日新報》第6160號3版，大正6年（1917）8月21日。作者署名「施
蛻奴」。
〔註86〕《臺灣日日新報》第6193號1版，大正6年（1917）9月23日。刊於南瀛詞
壇。

烏鵲南飛知有日，衡陽旅雁盡情啼。（一）

昨夜王郎斫地歌，愁根未斷劍先磨。

英雄偃蹇尋常事，忍向秋風喚奈何。（二）

材大明知作用難，拘拘繩墨笑無端。

吾生去住〔註87〕何須計，飛鳥行雲一例看。（三）

餞別爭開玳瑁筵，驛亭分手尚情牽。

赤崁城裏琴裝卸，還望魚書寄客□。（四）

草堂偶成〔註88〕

綠竹擁門溪水隈，架書繞罷獨傾杯。

滿庭不掃青青草，笑見籬邊紫槿開。

仙洞〔註89〕

仙斧剛修峰頂月，洞簾高捲海門秋。

敬依蘇櫻川詞長韻呈劉篁邨詞宗〔註90〕

璜山作客與君同，僧有犀心默默通。

今日重逢堪告慰，偷閒時挹好花風。

秋聲〔註91〕

秋風秋雨滿江干，落葉隨波下急湍。

我自扣舷歌樂府，清音長繞蓼花灘。

秋閨愁〔註92〕

鐵馬西風惹愴神，双星猶得渡河津。

玉門關外音書斷，枉把寒衣寄遠人。

〔註87〕「住」，原作「往」，疑誤，今改。

〔註88〕《臺灣日日新報》第 6193 號 1 版，大正 6 年（1917）9 月 23 日。刊於南瀛詞壇。作者署名「臺南　施梅樵」。

〔註89〕《臺灣日日新報》第 6247 號 6 版，大正 6 年（1917）11 月 16 日，得第天二十三。原註：「合詠格　兼題字鶴頂」。作者署名「葫蘆墩　施梅樵」。廈門施雲舫先生評定，評曰：「落筆清超，嵌眼字尤見新穎」。

〔註90〕《臺灣日日新報》第 6490 號 6 版，大正 7 年（1918）7 月 17 日。刊於詩壇。

〔註91〕《臺灣日日新報》第 6575 號 3 版，大正 7 年（1918）10 月 10 日。原註：「是夜擊缽吟」。

〔註92〕《臺灣日日新報》第 6575 號 3 版，大正 7 年（1918）10 月 10 日。

宜春樓席上有作〔註93〕

白花洲裏綠雲門，茗碗冰甌當酒樽。

一闋新詞低首唱，天孫針線總無痕。

臺南旅夜王又新君邀飲於醉仙樓賦此道謝□寄在座諸君〔註94〕

□□乍停桃葉舟，故人無恙諸□□。

西風吹斷鄉關夢，半月城邊瑟瑟秋。（一）

萬火光巾□□□，高樓□遍好花枝。

老來怕聽涼州曲，轆轆梧□□易絲。（二）

誰花眼淚洗□□，入眼分明朵朵□。

更有一枝堪悅目，背人□定桑欄邊。（三）

彈罷□壇酒數絕，不曾□□□關巾。

別□自愧□□受，却喜名花是□人。（四）

玉郎腰□尚酢明，斫□高耿□有□。

不□年來牽興花，□甘低□拜□□。（五）

偷花妓〔註95〕

金谷園中久弛防，最愁蜂蝶敢猖狂。

摧殘偏出平康侶，花債重重何日償。

爾材詠菊有詩九首次和韻□之〔註96〕

蘭比幽香玉比堅，不曾憔悴到霜天。

託根原在西風裡，羞向東皇一乞憐。（一）

有約何甘負故知，重陽早放一枝枝。

品題聲價黃金重，那肯臨風不自持。（二）

梅花久已嫁逋仙，我與詩人有夙緣。

却笑東籬頻挂杖，纏頭不費一文錢。（三）

襟懷磊落薄酸寒，客至趨迎不着冠。

〔註93〕《臺灣日日新報》第6595號6版，大正7年（1918）10月30日。刊於詩壇。

〔註94〕《臺灣日日新報》第662□號6版，大正7年（1918）11月27日。刊於詩壇。

〔註95〕《臺灣日日新報》第6631號6版，大正7年（1918）12月5日。題下原註：「七絕限陽韻以交卷爲序」。寄盧小集，作者署名「來賓　梅樵」。刊於詩壇。

〔註96〕《臺灣日日新報》第6635號4版，大正7年（1918）12月9日。

我有白衣供遣使，喚他送酒未爲難。（四）

佳色端應號稱心，移栽當日費多金。

花鈴不惜重重護，香國生驚鼠患侵。（五）

一竿淡日影橫斜，寫照無勞倩畫家。

洽喜酒泉供管領，主人好飲不須賒。（六）

敢向人前逞艷姿，吳江秋冷落楓時。

飄零最笑蘆花絮，地北天南任所之。（七）

點染霜華色澤佳，花名〔註97〕次第插牙牌。

門前添種淵明柳，我與紫桑約不乖。（八）

對花忌却鬢爲霜，紫蟹青樽味轉長。

但願秋光終不減，時分餘艷上琴床。（九）

題梓舟小照〔註98〕

玉□金友重榆枌，冰雪聰明最愛君。

得子忽驚眞面目，不辰虛望好風雲。

艱難時世豪宜欲，綺麗才華雅出群。

有用身材需護□，請纓他日看終軍。

夜坐〔註99〕

相對無言靜息機，多情山月入窗扉。

辟寒環□銅爐火，竟夕談心不忍歸。（一）

夢却難尋酒亦稀，倚燈默默看娥飛。

客宵如此誰能遣，直待□□漏已微。（二）

次韻（雪友〈依夜坐韻贈雪滄君〉）〔註100〕

興師問罪奈何歸，娘千軍中排難稀。

莫怪季常驚繽項，匆匆打破水品屏。

〔註97〕「名」，原作「各」，疑誤，今改。

〔註98〕《臺灣文藝叢誌》第一年第2號，大正8年（1919）2月10日。

〔註99〕《臺灣日日新報》第6714號6版，大正8年（1919）2月26日。題下原註：「微韻」。作者署名「臺中　梅樵」。刊於詩壇。

〔註100〕《臺灣日日新報》第6719號4版，大正8年（1919）3月3日。刊於瀛桃竹課題。

輓許國瀾君〔註101〕

硯山南望暮雲橫，流水無情亦□聲。

風雨茂陵知臥病，不期藥石負長卿。（一）

忘年交誼更關心，過訪句留到夜深。

煮茗清談消溽暑，一秤棋局坐花陰。（二）

諸羅約略說前遊，送我頻勞到驛頭。

珍重臨歧堅後約，東籬同賞菊花秋。（三）

殷勤問訊寄雙魚，慰我山中正索居。

研究養峰新學識，待看課蜜□仍□。（四）

鶯花時節又尋君，病裏容光減幾分。

早料斯人應不起，睜開老眼看行雲。（五）

凶信遙傳一紙來，歸裝尚未拂塵埃。

傷心此別成千古，誰把哀詞寄夜□。（六）

碧草墳頭瘞玉棺，漆燈留與沈彬看。

也知一死關前定，忍累高堂淚暗彈。（七）

次韻（蔡梓舟〈茂堤詞兄招飲席上賦呈次逋蛻奴了庵諸公〉）〔註102〕

牽蘿補屋非奇事，填海移山是偉人。

亂世鳳麟聊自許，閒居猿鶴本來親。

得逢後起勞慮左，苦累先生喚買春。〔註103〕

磊塊借澆嘗一醉，臥聽小玉曲翻新。

哭新竹詩人鄭幼佩君〔註104〕

北望悲何極，星沉五指峰。

頓添知己淚，空憶故人容。

道義生前重，香花死後供。

吟魂期入夢，莫怯曉來鐘。（一）

地老天荒世，論交自寡儔。

〔註101〕《臺灣日日新報》第6813號3版，大正8年（1919）6月5日。刊於南瀛詞壇。
〔註102〕《臺灣文藝叢誌》第一年第4號，大正8年（1919）4月1日。
〔註103〕原註：「是夜茂堤君設筵。」
〔註104〕《臺灣日日新報》第6896號5版，大正8年（1919）8月27日。

相親如骨肉，異類豈薰蕕。

投轄經旬住，聯吟五夜休。

平生歌詠句，多半繫時憂。（二）

末俗交情險，無端墮術中。

輕拋阿堵物，錯救可憐蟲。〔註105〕

肥瘠成秦越，車裘間始終。

君懷仍坦蕩，大有古人風。（三）

豪俠關天性，炎涼矯俗情。

濟貧非市惠，敦誼豈沽名。

直欲存孤寡，真堪託死生。

項斯我能說，善行感幽明。〔註106〕（四）

對坐傾肝膽，愁懷託嘯歌。

別腸偏忌酒，壯志欲馮河。

歷劫書還讀，匡時論不磨。

即今思往事，悽惻復如何。（五）

歲歲傳凶耗，傷心又哭君〔註107〕。

人生同過鳥，世事比浮雲。

一病無鑿藥，中年漸失群。

瑤琴休再鼓，留碎子期墳。（六）

南行車中逢伯廉君攜妓雲英偕至彰化驛下車黃呈聰君邀飲金谷園傍晚聯袂再赴臺中林張葉諸君又於新盛樓旗亭治酒相款賦此道謝兼戲伯廉〔註108〕

一路香風下翠鈿，同車伴侶即神仙。

裴航密訂藍橋約，喜見雲英尚少年。（一）

策杖尋芳願未違，杏花深巷認依稀。

熏衣理鬢先迎客，不用來敲白□扉。（二）

瀲灩池光繞畫闌，納涼時節□杯盤。

〔註105〕原註：「君曾以數萬金助某人某洋行爲保證金。後某得志。竟與君絕交，故云。」

〔註106〕原註：「令先師還浦先生病費喪□君支出居多，又時恤其遺族。」

〔註107〕原註：「謂錦川、還浦、瑤京、文逸、曉漁相繼作古。」

〔註108〕《臺灣日日新報》第6917號6版，大正8年（1919）9月17日。

詩人到底無濃福，一飯胡麻享亦難。（三）

叔度風流態率真，留賓投轄比陳遵。

涼風四座簫聲起，酷愛珠喉度曲人。（四）

欲續前游約乘車，臨行底事又躊躇。

多情翻似無情甚，狡獪才人信有餘。（五）

半幅青□認酒家，欲添春色更尋花。

兩行紅粉齊歌舞，各盡三杯飲量加。（六）

合歡酒席累居停，賀客紛紛坐滿庭。

慚我秋衾涼不寐，渡河佇看女牛星。（七）

次韻（吳萱草〈秋日旅中晤施梅樵先生〉）〔註109〕

平生勞燕各分飛，夢裡相逢是也非。

聚不多時驚易別，勸君小住莫言歸。

疊韻（吳萱草〈秋日旅中晤施梅樵先生〉）〔註110〕

豪情好共白雲飛，老至分明覺昨非。

愧締忘年文字誼，驛亭惆悵送君歸。

暮蟬〔註111〕

可憐世路已昏暝，抱葉高枝眼獨明。

千古尚留齊女怨，一生贏得伯夷清。

蘭堂日暮和殘雨，柳苑風微噪晚晴。

祇為閒愁拋舊調，孤吟敢鬥夜蟲鳴。

秋槎〔註112〕

煙雨濛濛古渡頭，金風玉露不勝秋。

虛舟我亦隨流水，爭似張騫到斗牛。

〔註109〕《臺灣日日新報》第6955號6版，大正8年（1919）10月25日。吳萱草作見該報同版。

〔註110〕《臺灣日日新報》第6955號6版，大正8年（1919）10月25日。吳萱草作見該報同版。

〔註111〕《臺灣文藝叢誌》第一年第11號，大正8年（1919）11月15日。網珊吟社第四期課題，詞宗鄭竹溪，得第十八名。

〔註112〕《臺灣文藝叢誌》第一年第11號，大正8年（1919）11月15日。「臺灣文社成立大會紀念擊缽吟」。作者署名「葫蘆墩 梅樵」。

文社大會次萱草君韻〔註113〕

裙屐風流語亦仙，文壇嘉會祝綿延。

有緣耆宿同登席，得意詞章可補天。

秦火劫餘生項籍〔註114〕，瑤琴彈後拜成連。

維持殘局諸公責，過眼塵灰已化煙。

三疊原韻見贈〔註115〕

藉將珠玉破愁關，慷爽分明謝疊山。

健筆如椽齊下拜，雄師一潰莫思還。

少陵好酒衣頻典，長吉能詩稿待刪。

自恨鬢毛今半白，蘆花飛漫到人間。

秋夜感懷三疊原韻〔註116〕

迢迢魂夢隔重關，足踏諸羅望故山。

東去江河惟日下，南飛烏鵲幾時還。

殘燈微焰花花落，野史新編草草刪。

也學莊周空化蝶，黑甜鄉在有無間。

秋夜五古〔註117〕

驟雨喧屋瓦，醉夢易爲醒。狼藉盃與盤，燈火有餘青。

披衣倚枕坐，遙聞叩柴扃。群鼠競走避，一鼠側耳聽。

靜伏窺人睡，恣飲魚汁腥。群鼠次第來，往返兩三經。

豈其多畏懼，抑或心性靈。嗟哉遼東豕，飫飽終受刑。

楊丕若先生五旬壽序〔註118〕

蓋聞五星照命，碩德兆永壽之祥。四皓憂時，高隱擇消閒之地。惟

〔註113〕《臺灣文藝叢誌》第一年第 11 號，大正 8 年（1919）11 月 15 日。

〔註114〕「籍」字本誤作「藉」，今改。

〔註115〕陳素雲主編《林維朝詩文集》頁 296。「疊」，原作「疉」，疑誤，今改。臺北：
國史館，2006 年 11 月初版。未詳發表日期。惟依原稿順序，因置於〈秋夜
五古〉之前。

〔註116〕陳素雲主編《林維朝詩文集》頁 298。「疊」，原作「疉」，疑誤，今改。惟依
原稿順序，因置於〈秋夜五古〉之前。

〔註117〕陳素雲主編《林維朝詩文集》頁 298。《捲濤閣詩草》頁 124、125〈秋夜三首〉
即此〈秋夜五古〉之二～之四。今補錄之一一首。據之三詩云「五十年未至」
一語，知此詩作於施梅樵 50 歲之前。因姑置於此。

〔註118〕《臺灣文藝叢誌》第二年第 1 號，大正 9 年（1920）3 月 15 日。

聖神之誕降，邀眷彼蒼。雖耆老之逍遙，繫懷斯世。是以耕稼陶漁，高年百十。羲農皇帝，貴壽萬千。由來優於德者必獲大年，忘乎情者定膺厚福。若鰲峰楊丕若先生，是其流亞歟？先生早歲聰明，無書不讀。青年奮勉，偶試即售。庠序蜚聲，采芹香而獲雋。弟昆媲美，羨隸萼之聯輝。幸祖武之克繩，知父志之能繼。承龜山家學，夙有淵源。追吉永前徽，兼全仁勇。原期不負蒼生，得志當爲霖雨。縱使頻經浩劫，蒙情不廢嘯歌。操公評於月旦，望重斗山。賦軼類之天才，心清冰雪。虞卿閒居，放懷著作。陶潛遯世，寄興林丘。生平饒眼福，飽閱夫異國古書。風月證襟期，遍歷諸名山勝境。信足樂也，又何加焉！然而登臨寄意，難藉助於江山。家室關情，喜相依乎眷屬。相敬如賓，齊眉舉案。及時行樂，繞膝含飴。好兒不斁陳實，賢孫直亞馬璘。里閭和睦，不拘於禮法之間。戚黨往來，相忘在形骸之外。誠周旋之悉中，緣品學之兼優。事必諮詢，陶弘景山中宰相。人眞淡蕩，蘇玉局海外逸民。問此世幾回變換，滄海桑田。喜吾身□味安閒，琴歌酒賦。惜如流之歲月，葆有用之精神。雅量可嘉，遇饑則指囷濟急。深情□揭，排難則被髮纓冠。如先生者，求之時流中固難，求之儒林中亦難也。茲逢小春吉旦，天衍佳辰。庾嶺梅開，香染葡萄之酒。蓬壺果熟，珍堆琥珀之盤。聯翩裙屐，爭獻兒觥。蹌濟衣冠，爲添鶴算。茆先生謙抑爲懷，同知非之伯玉。發憤有志，師學易之仲尼而究之。有聖賢學問，宜壽而臧。具忠厚性情，旣昌且熾。行看天錫純嘏，等絳縣之春秋。人享遐齡並歟，丘之日月樵等。或情關世好。或誼篤姻親。環而觀者，諸履三千。舞而歌者，金釵十二。堂前戲綵，一片歡聲。座上吹笙，雙輝畫畫。燭曼倩桃，安期棗羅列綺筵。清風頌南山詩，遍題錦幛。乍逢服官令誕，遙祝心香。且待期頤稱觴，再伸額頌。

次逋先生令次郎景僑世兄花燭序〔註119〕

蓋以大造不外生成，倫常莫先夫婦。關雎一篇，聖人取以弁冕六經。豈非爲生民之始，王化之原耶？夫河洲荇菜，誌文之好逑。而后妃令德，澤及眾妾。故螽斯、麟趾之頌，千古傳爲美談。論者謂幽閒貞靜之德，其得天獨厚，其感人尤深也。先生素工於詩，於國風雅頌熟讀

〔註119〕《臺灣文藝叢誌》第二年第1號，大正9年（1920）3月15日。

詳味，深得詩中旨趣。本乎詩以修身，正詩所云自求多福也。本乎詩以齊家，正詩所云其儀不忒也。先生有悟乎詩之興觀群怨，是以唾罵不近於矯情，詼諧不鄰於媚俗。日惟袖一卷詩以課子孫，而於妻子好合如鼓琴瑟。兄弟既翕，和樂且耽。宜爾室家，樂爾妻孥諸言，三致意焉。先生有丈夫子八人，時有八龍之譽。景僑序一，一景僑聰慧不亞乃兄，言行醇謹舉止雍容，允爲青年中之傑出者。茲者求凰曲奏，路值藍橋。奠雁禮行，葭吹玉管。以詠絮之奇才，配牽絲之佳士。千秋佳偶，一對玉人。旁觀者感謂先生得此佳兒佳婦，可卜家庭豫順之觀。景僑更宜全終，無忘伉儷克諧之教也。樵與先生爲莫逆交，承命執柯，差喜郎才女貌而美相符。是則樵之堪自慰，亦即堪爲先生慰也。爰額手爲之頌曰：明星有爛，環映華堂。之子于歸，古兩以將。維鵲有巢，其居鳳凰。雙宿雙飛，地久天長。明德之後，宜熾而昌。

美人　猿〔註120〕

立功須藉英雄臂，傾國難消粉黛愁。

猶龍閣雅集〔註121〕

七尺樓簾捲翠嵐，中和節後約停驂。

通家原自無拘束，也許狂夫抵掌談。（一）

題罷新詞墨瀋酣，把樽約略說江南。

門前尚有佳山水，合倩營丘寫蔚藍。（二）

次雪滄過訪見贈瑤韻〔註122〕

詩債文魔未了緣，謬蒙騷客屢停鞭。

不才自愧難諧俗，只好頭銜署散仙。

聞簫〔註123〕

引鳳仙人事莫論，吳門乞食惹銷魂。

〔註120〕《臺灣文藝叢誌》第三年3號，大正10年（1921）3月15日。原註：「分詠格」。臺灣文社支部詩鐘課題。得第狀元。
〔註121〕《臺灣文藝叢誌》第三年3號，大正10年（1921）3月15日。
〔註122〕《臺灣文藝叢誌》第三年4號，大正10年（1921）4月15日。
〔註123〕《臺灣文藝叢誌》第三年4號，大正10年（1921）4月15日。臺灣文社支部擊缽吟。分別得第左翰右翰、左翰右錄。

樓頭昨夜知何處，悲咽聲中帶淚痕。（一）

嗚咽聲聲被夕昏，玉人何處掩重門。

爲誰訴出窮途恨，八耳應教淚暗吞。（二）

貽金報〔註124〕

清吳惠勤公，名棠，籍隸盱眙。未貴時，家產本富，可供溫飽。後忽作出宦想，遂以捐納進身，爲清河邑令。顧吳富于資，而性復不甚吝惜。每以巨金結納上官，下逮其僚屬隸卒，亦皆有分潤。由是皆心德之，上官大喜而賞其才，以爲能吏。

一歲，適有某當其境，聲勢赫奕，舟泊於河。勿前進，蓋將有所恃也。在理：顯者過境，其地邑令，宜有饋遺。雖獲一言之褒，初不難持此以博要職。或不幸而逢彼之怒，則白簡朝發，而夕且得嚴譴。故吳謀有遺之。探篋取白金五百，命僕張福賚之，往獻。福遂攜之以往。

時慈禧后尚未入宮，適與其家人等客清江浦，方欲北去，奈旅費匱乏，羅掘一空，良難爲繼。而江南人氏，皆非素識，即言語亦皆隔閡，殊無可爲將伯之助者。而舟人復需費殊殷，愧無以應，則勢洶洶然，勿甘前進，憂甚致疾。張福不審顯者所在，見慈禧之舟亦極輝煌，即以金入。慈禧驟見福持五百金來獻，而私念邑令又非相識，胡來援此涸澈之鮒者？豈果直腸古道，有前人高誼邪？然此處此貧病交迫之際，亦不暇窮詰其何由來。姑覆以書，且授福以數金，令歸覆其主。而仍循河北上。

張福既歸，持書呈吳。吳審其誤，怒甚！以爲以巨金贈諸索不相識者，心茲勿願，則屬聲責福賠償。福無辭以應，惟長跪堦下，涕泣勿止。吳妻聞聲，出勸之曰：「金已爲他人所獲矣，即杖之至死，又何益者？不如縱之，戒以後此任事當稍慎密，可矣。」吳忿然曰：「欲我勿加責亦可，惟必令往其地，仍取金以返耳。」其妻曰：「吾家尚豐，且多此五百金，亦未必能遽躋敵國富，即少之亦未便赤貧。姑譬諸已贈彼顯者，可矣。且微聞福言，受金之家，窘迫萬狀。有此五百金以拯之，亦是造福。胡必盛怒若此？」吳默然不答，惟揮張福退耳。

〔註124〕《臺灣文藝叢誌》第三年4號，大正10年（1921）4月15日。作者署名「可白」。

慈禧既北上，感吳不止，每嘆曰：「吳令能於風塵中識人，不似流俗之群以白眼相加，良不愧佼佼者。吾苟得意，終不可負也。」由是吳之姓氏、里居等，已堅誌於胸，誓不復忘。及入宮，寵冠粉黛，繼且冊立爲后。苟有所請，上幾無不從之。即外官黜陟之權，亦得落其掌握。久欲遷吳棠以顯秩，苦未得間。適吳以斷獄荒謬，爲邑人所控。眾乘而群起攻之，遂爲言官所劾。吳惶急至無所措，而朝中大僚，又鮮有交誼，無能爲之助者。方謀摒檔行裝，即日棄官去。乃忽爲慈禧所悉，亟懇之於帝前曰：「吳某爲人謹飭，且勤敏堪任事。區區百里宰，初不足以屈之。乃今忽來謗毀，恐仍係假公濟私之故智耳。妾嘗聞之：言官俸不多，爲百僚中清苦之職，特藉劾人以取其資，而賴以自濟，不啻商人之營業。否則，一縣令之微，即有劣跡，何便爲所知耶？」帝不欲拂其意，惟曰：「權固在我，聽之可矣。然卿何以忽衛之若此，面與有誼耶？」慈禧曰：「其人固於妻室有大恩者。當昔勾留清江浦時，承以五百金相貽，始得上道。然固萍水相逢，了不識其爲何人也。揮金杖義，濁世所難。固非特妾一家感之，使無此人，則妾行且身塡溝壑。即不然，亦將漂泊異鄉，終無由得侍陛下也。今既遇赦，因當代之叩謝。然清河小邑，終不足以展其宏才。仍望稍遷其秩，吳某感知遇之恩，必甘爲陛下效死。」帝許之，尋即遷吳爲府尹。吳亦愕然，不解何由而被此殊恩也。越時未久，而吳又爲言官所劾，彈章交上不置答。帝且狥后意，益遷之。屢劾屢遷，且被簡爲川督矣，聲勢張甚，僚屬皆有贄敬。每歲可得數百萬金。即張福亦得爲司閽役，即門包所入，亦不了下數十萬金。廣蓄妻妾。徧置田園，富甲一鄉。

某歲，吳入都覲見。慈禧密傳而語之曰：「汝何由識我耶？」吳疑懼不敢答。慈禧曰：「囊日蒙惠五百金，得濟眉急，心感無涯。今若此，所以報汝也。汝其好自爲之，勿負我期望可也。」吳自此始恍悟，亟泥叩首叩謝以出。自顧笑曰：「僥倖哉！苟當日而必欲索金以返者，恐已伏屍延闕久矣。」吳膺督任凡數歲，卒於任。

次韻（雪滄〈夜歸漫興〉）〔註125〕

海氣吞山月，曙風吹鬼□。腰橫雙短劍，目次幾愁人。

〔註125〕《臺灣日日新報》第 7502 號 4 版，大正 10 年（1921）4 月 25 日。刊於詩壇。

行色貧如故，離筐老轉新。征衣滿塵垢，□□惜殘春。

讀諸君唱和佳作次韻〔註126〕

落花時節忽陰晴，得讀新詩思轉清。
知否惜春人早起，鷓鴣啼斷兩三聲。

奕槐君以詩見貽次韻答之〔註127〕

湖海飄蓬浪得名，倦遊高臥閉柴荊。
相逢一嘯舒襟抱，問世何關辱與榮。

殷榮芸兄有歸志詩以留之〔註128〕

天教風雨阻歸程，此會明知歲月更。
劫外衣冠存碩果，客中談笑破愁城。
未除習氣清狂慣，不覺吟懷鄙吝生。
聚首無多安忍別，攀留思藉美人兵。

登北門樓次子昭韻〔註129〕

屏藩鎖鑰委荒邱，依附名園藉紀遊。
花已落時鶯已死，傷春強上古城樓。

次雪滄韻〔註130〕

□魔詩債有餘□，名利□人一著□。
我自高歌忘歲月，英雄畢竟勝神仙。

陳兆齊翁傳〔註131〕

翁諱兆齊，字思賢，福建惠安人。少習舉子業。曾遊於陳子符孝廉
之門。賦性聰敏，學業日進，師頗器重之。翁慮家道中落，高堂年
邁，無以供菽水之資。欲棄儒就商，以維持家計。乃祖偉其說，躬
率由閩而浙，並通都大邑，視察商況。因思先人曾於臺艋營商，歿

〔註126〕《臺灣文藝叢誌》第三年5號，大正10年（1921）5月15日。
〔註127〕《臺灣文藝叢誌》第三年5號，大正10年（1921）5月15日。
〔註128〕《臺灣文藝叢誌》第三年7號，大正10年（1921）7月15日。
〔註129〕《臺灣文藝叢誌》第三年7號，大正10年（1921）7月15日。
〔註130〕《臺灣日日新報》第7590號5版，大正10年（1921）7月21日。刊於詩壇。
〔註131〕陳兆齊卒於大正10年（1921），本文編年據此。原稿影本見陳其寅編《琅玕陳氏族譜》頁259。又見《基隆市志・文物篇》頁42。基隆：基隆市政府。1958年。梅樵自署「彰化縣庠生　施梅樵」。

後歇業。且洞識邇來臺島商業繁盛，基隆首屈一指。爰整裝東渡，聊借枝棲，以俟機會。

翁素忠信居心，名聞鄰里。爭聘者，日踵其門，翁亦不肯躁就。適三貂張君達源，有心商事，見翁遂稱莫逆，共營「金建順商行」。尊張君爲行東，而以經理自任。貨物之出入、價格之昇降，一聽翁自主決。時適歐戰，百物昂騰。獨運匠心，三四年間，獲利十有餘萬。旁觀者咸謂微翁之不及此。其時張君已作古人，翁以所得之數歸公，而自取微奉。其不負死友者，即其不昧本心也。

翁先代向戚屬貸款，爲數甚鉅，無力歸還。歲月歷久，利子彌多。見翁有爲，諸債主環集迫索，翁慨然獨立清債，俾諸親族無顧憂。鄉父老殊嘉喜之。翁孝友性成，既負父骸以歸鄉，復償兄債以補缺，爲叔完娶。喜見兒女成行，憐弟幼孤，難得教養兼至，恤寡不以爲恩，化鼠雀不以爲德。他如修廟宇、造橋樑，凡諸公益，。靡不響往直前。如翁生平，實難能而可貴者矣。翁性好學，不料境遇困人，中途而廢，違厥初心，而訓子以義方。是以次少君其寅，文品矜貴，詩筆清高，洵可爲基津增光彩也。惜乎翁不永年，未及見耳。

余憶二十年前與江君裕慶漫遊基隆，同往拜訪。翁一見如故，設席留飲。見翁藹然可親，不忍辭別。今春重到基隆，於詩友陳道南處，得讀其寅大作。深幸翁有賢子，正生前禮賢下士之報，且事母蘇夫人尤極純孝。翁在九原，可無遺恨。更願其寅不墜父志，勉成通儒，余亦得附末光焉。其寅惠寄令先尊行述，囑余爲之立傳。余雖不敏。又奚敢辭？傳曰：

天生才人，必試窮阨。因心衡慮，先難後獲。有好兒孫，皆由積德。得繼書香，恩報罔極。在天之靈，喜動顏色。

飲湘同學將之大陸以詩留別賦此勉之並依原韻 [註132]

風風雨雨厄飛蟛，失路英雄志忍休。

奮才汝應爲駿馬，埋名我自比蝸牛。

〔註132〕據林文龍〈鹿港詩人施梅樵資料雜錄〉頁81（《臺灣風物》26卷4期，1976年12月31日）載：收錄在《臺灣文藝叢誌》第三年4號～第四年2號。惟，經查《臺灣文藝叢誌》，未見該作。暫存之。（三）林氏抄錄作此，疑缺二句。

極天消息憑青鳥，滿地江湖起白鷗。
遯世未能何況隱，愧無半策未勾留。（一）

老杜詩篇愛北征，風流壹意且孤行。
韓康賣藥惟修德，司馬題橋豈矯情。
好客每懸高士榻，遣愁每藉美人兵。
浪遊五嶽懷猶壯，心事還看了向平。（二）

不甘雌伏竟雄飛，努力何愁素願違。
加飯莫教腰減帶，臨歧休使淚沾衣。
無多骨肉關心甚，滿囊喜見蜀當歸。（三）

東屯公園即景〔註133〕

老至休嗤步履遲，山光湖綠沁心脾。
行吟領略天然畫，收拾風光入短詩。

畫竹〔註134〕

描成一幅最高颺，葉葉枝枝勢自揚。
更寫松梅添景色，和他三友閱星霜。

送湘甫之大陸〔註135〕

下車訪我話行程，雨雨風風阻客旌。
不失梓桑親睦誼，忍忘文字締交情。
前途有望休留戀，內顧無憂仗父兄。
半幅蒲帆千里路，平安書到倍歡迎。

於北斗頤園喜晤吳蔭培詞兄賦呈〔註136〕

作客螺溪喜見君，中秋節近雨紛紛。
飲人心醉如醇酒，愴我□□此暮□。
爭視梅村時健□，果然竹塹士能文。

〔註133〕據林文龍〈鹿港詩人施梅樵資料雜錄〉頁81載：收錄在《臺灣文藝叢誌》第
　　　　三年4號～第四年2號。惟，經查《臺灣文藝叢誌》，未見該作。暫存之。
〔註134〕據林文龍〈鹿港詩人施梅樵資料雜錄〉頁82載：收錄在《臺灣文藝叢誌》第
　　　　三年4號～第四年2號。惟，經查《臺灣文藝叢誌》，未見該作。暫存之。
〔註135〕《臺灣文藝旬報》第05號，大正11年（1922）8月20日頁5。作者署名「蛻
　　　　奴」。詩末天弧云：「語亦猶人而灑脫不凡。」
〔註136〕《臺灣日日新報》第8042號4版，大正11年（1922）10月16日。刊於詩壇。

相逢不惜拋磚引，邂逅因緣手忍分。

赤嵌園小集 〔註137〕

一枕秋風午夢酣，客來喚醒助清談。

新詩有約尋黃菓，佳果平分到綠柑。

天氣微溫殊薊北，人文絕俗勝江南。

小樓權作題襟會，知己良朋恰兩三。（一）

夢中忽報客停驂，醉態朦朧愧不堪。

忘着衣冠疎禮節，未除氣習近癡憨。

長卿作賦非關病，覃子藏書莫笑貪。

縛住歸心鏖筆戰，由來詩味苦仍甘。（二）

茂笙蘭亭香圃諸詞兄辱訪客邸以詩見貽爰成七律喜政 〔註138〕

曾向名園一駐車，吟詩聲繞隱君廬。

肯容末席陪文讌，又袖新詞訪客居。

鄙吝忽生懷叔度，風塵有意病相如。

天涯我自忘賓主，留飲還須命膾魚。

蕭影冬詞兄過訪客邸有詩疊韻奉和 〔註139〕

入市慚驅薄笨車，騷人環坐客中廬。

不同出谷鶯求友，偏學尋巢燕擇居。（一）

名士過江都看遍，故山繫夢總紛如。

萍□聚散原無定，時望音書寄鯉魚。（二）

戲贈黃拱五詞兄女友愛卿校書 〔註140〕

閒撥琵琶似訴愁，那堪靜夜唱伊州。

人間安得移花手，爲向湖中植並頭。（一）

墜溷沾泥亦有因，繫鈴誰作解鈴人。

桃源便是清閒地，一櫂何妨問道眞。（二）

〔註137〕《臺南新報》大正 11 年（1922）11 月 11 日，7434 期頁 5。刊於詩壇。

〔註138〕《臺南新報》大正 11 年（1922）11 月 24 日，7447 期頁 5。刊於詩壇。清陰云：「冕旒秀發。旌斾飛揚。端莊流麗。兼而有之。洵可稱中部詞宗矣。」

〔註139〕《臺南新報》大正 11 年（1922）11 月 26 日，7449 期頁 5。刊於詩壇。

〔註140〕《臺南新報》大正 11 年（1922）11 月 26 日，7449 期頁 5。刊於詩壇。

閒雲〔註141〕

未爲霖雨只逍遙，偶逐東風上九霄。

漫怪陰晴都不管，縱令出岫也無聊。

次子敏韻〔註142〕

飄泊誰同病，琴樽亦自雄。談天笑鄒子，縮地羨壺公。

感舊鬚眉白，哀時眼淚紅。腰間三尺劍，龍氣欲橫空。

新菊〔註143〕

乍放東籬候未寒，幾分佳色便爭看。

喜添風景秋三徑，疑寫霜枝粉一團。

有此幽風宜共賞，果然晚節得來難。

慰情何必論紅紫，相見柴桑萬念寬。

蕭影冬君於赤嵌園旅邸呼酒招飲賦此贈之〔註144〕

相逢客舍已秋高，爲作曹邱不畏勞。

詩品清於霜夜月，交情醇比玉矼醪。

征途落魄彈長鋏，逆旅關心贈綈袍。

有鳥南飛巢始定，行將把盞話牢騷。

即事戲作〔註145〕

忍寒逐隊選花枝，沈約偏憐病起時。

檀板玉簫歌徹夜，黃雞紫蟹酒盈卮。

明知幻夢尋無跡，始覺風懷老不羈。

十載湖州思往事，水嬉還是可人兒。

問梅〔註146〕

〔註141〕《臺南新報》大正11年（1922）11月26日，7449期頁5。刊於詩壇。

〔註142〕《臺南新報》大正11年（1922）11月28日，7451期頁5。刊於詩壇。

〔註143〕《臺南新報》大正11年（1922）12月11日，7464期頁5，得第右錄左避。
刊於詩壇。南社擊缽吟錄，左詞宗施梅樵、右詞宗趙雲石。

〔註144〕《臺南新報》大正11年（1922）12月14日，7467期頁5。刊於詩壇。北門
吟會繫缽錄，交卷爲序。

〔註145〕《臺南新報》大正11年（1922）12月20日，7473期頁5。刊於詩壇。《捲
濤閣詩草》頁61有〈即事戲作〉同題七律一首，內容與本詩大同小異。所別
者僅末句：「水嬉多事繫相思」，其餘皆同。

〔註146〕《臺南新報》大正11年（1922）12月21日，7474期頁5。南社擊缽吟錄，

羅浮消息經年斷，客路難逢驛使來。

空惹吟魂縈紙帳，每思綺句詠瑤臺。

窗前可見花曾着，嶺上應知蕊已開。

一度諮詢轉惆悵，解鈴還待主人回。

影冬君以和作寄示疊韻奉酬〔註147〕

選妓歸來夜色高，愛花爭笑老尤勞。

清詩始信能除瘧，雅量分明勝飲醪。

病後休文愁減帶，貧中季子愧無袍。

滿胸磊塊澆難盡，呼僕焚□讀楚騷。

再疊前韻〔註148〕

陽春白雪調清高，朗誦迴環敢厭勞。

諧俗漸知除舊習，養生偶學飲醇醪。

無多著作猶藏篋，每念朋儕亦解袍。

造物忌材何太酷，教誰隻手振風騷。

次韻呈竹修詞兄〔註149〕

竹杖芒鞋到□南，修□道路苦誰堪。

烟花三月揚州景，憶否同遊紀阿男。

春日偕許存德洪以倫陳子敏蔡蘭庭吳牧童諸君子重游開元寺〔註150〕

春風□□春日晴，春花初開春草生。良朋三五喜無恙，

有約結隊作郊行。此行未許携酒榼，哦詩便好遣旅情。

吟餘乘興各健步，又來古寺一叩扃。諸作與我曾識面，

合什趺坐笑相迎。佛心我心兩相印，無時無地無光明。（一）

交卷為序。刊於詩壇。

〔註147〕《臺南新報》大正11年（1922）12月27日，7480期頁5。刊於詩壇。東港蕭影東〈敬和梅樵老先生見示原韻並乞郢正〉見該報同頁。

〔註148〕《臺南新報》大正11年（1922）12月27日，7480期頁5。刊於詩壇。清陰云：「從無意思處。翻跌出意思。應酬不得不爾。而各律健筆生色。清澹間肆。有自得之趣。」

〔註149〕《臺南新報》大正12年（1923）3月8日，7551期頁5。刊於詩壇。清陰云：「四首吐屬溫靄巧不傷雅。且善謔有解人頤者。才人之筆。可誦可味。」

〔註150〕《臺南新報》大正12年3月16日，7559期頁5。刊於詩壇。

我愧風塵猶作客，佛雖無言我失色。人生何事太勞□，
萬歲千秋只頃刻。我歸且共老妻謀，借得半弓築禪室。
老妻繡佛我談詩，消受清閒作休息。只恐富貴逼人來，
撒手塵寰嗟不得。（二）

橋影〔註151〕

石梁一□浸江明，恍惚長虹下太清。
最好憑闌斜照裏，騎驢人過踏無聲。

古佛〔註152〕

塵世紅羊劫幾遭，空門僧侶盡霜毛。
記從天竺西來日，道士玄都始種桃。（一）

歷朝祀典受封褒，殿宇頻經補茸勞。
香火千秋消受得，文殊尊者是文豪。（二）

晚釣〔註153〕

暮雲一片富春臺，手揭漁竿自去來。
莫笑大魚終脫餌，屠龍我早有奇才。（一）

烟蓑雨笠傍江隈，未得長鯨不肯回。
手把一竿初下餌，斜陽獨上子陵臺。（二）

子敏見過客居詩以示之〔註154〕

去年返江關，過從輒棲止。側身望草堂，相距三四里。
感子深情意，久暫貫終始。往來因忘形，依倚若唇齒。
朔風正凜烈，長征其曷已。匆□戒僕夫，兼亦治行李。
驅車向南方，筋力未衰靡。僦屋避囂塵，羹湯自調理。
門前停吟駪，聞之忽狂喜。鄉信久隔絕，安得談娓□。

〔註151〕《臺灣日日新報》第8257號6版，大正12年（1923）5月19日。題下原註：
　　　　「庚韻」。得第左臚右避。刊於南社吟壇，左詞宗王竹修、右詞宗施梅樵。
〔註152〕《臺南新報》大正12年（1923）7月15日，7680期頁5，分別得第七、八名。
　　　　南社擊鉢錄，詞宗趙雲石。其（二）又收錄在曾笑雲《東寧擊缽吟前集》頁199。
〔註153〕《臺南新報》大正12年（1923）7月30日，7695期頁5，分別得第左二右
　　　　三、左五右五。捲濤閣小集，左詞宗魏國楨、右詞宗吳子宏。其二又收在曾
　　　　笑雲《東寧擊缽吟前集》頁104。
〔註154〕《臺南新報》大正12年（1923）7月31日，7696期頁5。刊於詩壇。

當筵誦新詩，停杯聽傾耳。詩境日漸佳，元白工摹擬。

分手未幾時，精進胡乃爾。還望益求精，咀嚼到骨髓。

我亦頗自信，詩情淡如水。一字苦構思，窮源且竟委。

近來斂浮華，尤非曩昔比。世路日艱難，前途慎步履。

才奇忌易生，人頭而虎尾。丈夫重恩怨，酬報心莫死。

遊安平〔註155〕

海天一片暮雲平，有力秋風也噤聲。

忽憶前游如隔世，舊盟鷗鷺尚逢迎。（一）

如畫江山一筆收，隨行安得覓營邱。

劉綱夫婦原仙骨，只解歡娛不解愁。（二）

屠龍人去戍樓空，今昔風光迥不同。

誰向延平乞生活，英魂當在水晶宮。（三）

頹墻破屋幾人家，劫夢沈沈似散沙。

留取他年修野史，門前水漲泊靈槎。（四）

次葉李二君見贈瑤韻〔註156〕

化鵬拭目看靈鯤，爭競場中道自尊。

好句見貽慚禿筆，空懷報李古風存。

祝尋鷗吟社大會〔註157〕

各有扶輪責，而多制勝才。中秋今漸近，大會此初開。

樹幟看颶颶，成篇妙剪裁。相邀勞折柬，附驥一追陪。

愛菊〔註158〕

紫白紅黃迥不□，果然佳色世難求。

東籬倘得供清賞，價值何妨幾倍酬。

〔註155〕《臺南新報》大正 12 年（1923）8 月 27 日，7723 期頁 5。刊於詩壇。清陰云：「繪風繪水，有景友情，感慨係之，好句穿□。」

〔註156〕《臺南新報》大正 12 年（1923）8 月 29 日，7725 期頁 5。刊於詩壇。清陰云：「贈答各叙其意，負聲有力。振采欲飛。」

〔註157〕《臺南新報》大正 12 年（1923）10 月 14 日，7771 期頁 5。刊於詩壇。

〔註158〕《臺南新報》大正 12 年（1923）10 月 16 日，7773 期頁 5，得第右十八左避。刊於詩壇。尋鷗吟社擊缽錄。

祝黃若臨先生六秩〔註159〕

　　文星照耀客星環，畫錦堂前把笑顏。

　　始信才人多福命，縱經浩劫尚清閒。

　　年週花甲來裙屐，宴啓良辰拜斗山。

　　萬歲千秋申頌祝，地行仙本在人間。

秋日遊公園即事〔註160〕

　　馬跡車塵暗翠微，西風涼意上吟衣。

　　中年未減登臨興，尚肯哦詩送夕暉。（一）

　　深淺池塘大小亭，迎人草木葉皆青。

　　黃花莫漫傷秋老，有客天涯涕淚零。（二）

喜牧童秋波二君枉顧〔註161〕

　　把臂來尋舊草堂，果然心跡兩渾忘。

　　可憐秋月秋風夜，覓句空填李賀囊。（一）

　　各有匡時濟世才，韜光十載劚園菜。

　　食貧居賤終何補，莫學書空一紙來。（二）

　　過江名士比魚多，大柄誰能假斧柯。

　　只好旁觀長袖手，雄心到底未消磨。（三）

　　辟纑織屨喜相安，陳仲夫妻不畏難。

　　莫笑蓬頭王霸子，只應白眼看彈冠。（四）

竹韻〔註162〕

　　數竿搖動午風時，就剩清音繞□籬。

　　萬必尋幽來輞水，□然如讀有聲詩。

喜敬亭同學過訪〔註163〕

　　到門已是上燈初，坐定殷勤問起居。

〔註159〕《臺南新報》大正 12 年（1923）11 月 10 日，7798 期頁 5。刊於詩壇。

〔註160〕《臺南新報》大正 12 年（1923）11 月 27 日，7815 期頁 5。刊於詩壇。

〔註161〕《臺南新報》大正 12 年（1923）12 月 15 日，7833 期頁 5。刊於詩壇。

〔註162〕《臺南新報》大正 13 年（1924）1 年 28 日，7877 期頁 5，得第左四右避。
　　　　刊於詩壇。開元寺擊鉢吟錄。四支韻。左詞宗圓瑛、右詞宗梅樵。

〔註163〕《臺南新報》大正 13 年（1924）2 月 20 日，7900 期頁 5。刊於詩壇。復見
　　　　於 7903 期頁 5。

愛汝行裝同趙忨，一枝短劍一囊書。

喜景謨詞兄見過賦贈兼及在座諸君子〔註164〕

已寒時節未寒宵，暢飲狂吟破寂寥。

無分一爲東道主，留賓借罄濁醪瓢。（一）

何處重逢古押衙，美人今已屬他家。

紫雲可慰樊川願，權作消愁稱意花。（二）

養花〔註165〕

春陰次第長新叢，發育分明不費功。

一片淡雲三徑雨，佇看桃李笑東風。

公園即事〔註166〕

散策偏逢入夜時，疏簾燈下看彈棋。

美人各有留心處，正是躊躇落子遲。

和萱草內兄病中詩韻〔註167〕

生死關頭認得眞，本來憂樂總無因。

知君換骨宜經病，笑我憐才詎惜身。

奔放長蛇何日止，潛藏尺蠖有時伸。

相逢疑幻壺公術，前後分明判兩人。

花月痕題後〔註168〕

半種情根半禍根，悲歡離合自分門。

已成眷屬方償願，枉費綢繆惹斷魂。

落月殘花空有夢，美人名士且休論。

風流佚事留青史，讀罷衣衫總淚痕。

祝黃若臨先生六秩晋一榮壽〔註169〕

〔註164〕《臺南新報》大正13年（1924）3月3日，7912期頁5。刊於詩壇。

〔註165〕《臺南新報》大正13年（1924）3月20日，7929期頁5，得第左拾。刊於
詩壇。南社擊鉢錄，左詞宗雲石、右詞宗芷香。

〔註166〕《臺南新報》大正13年（1924）5月6日，7976期頁5。刊於詩壇。

〔註167〕《臺南新報》大正13年（1924）8月10日，8072期頁9。刊於詩壇。

〔註168〕《臺南新報》大正13年（1924）8月17日，8079期頁9，得第左花右眼。
酉山吟社擊鉢吟。（詞宗缺）

蓬壺酒熟月初明，獻果群仙有舊盟。

家住桃源忘魏晉，年逾花甲卜命彭。

采芹我忝居平輩，種藥公應啓後生。

□髮雖皤神氣旺，坐看人世海桑更。

陌上花〔註170〕

相逢一笑見殷勤，游興吟懷有幾分。

莫漫隨風飄泊慣，還須護惜伏東君。（一）

陌路相逢香氣聞，泥他癡蝶逐華裙。

銷魂一瞥調花笑，今日盂蘭可上墳。（二）

輕氣球〔註171〕

分明旋轉在天河，俯視人間小似螺。

不信飛昇君有術，可曾一向廣寒過。

梅影〔註172〕

現身每在斜陽裏，廋嶺芳心總未拋。

我亦吟魂時繫著，天寒長此訂知交。（一）

羅浮山月上林梢，枝幹橫斜辨不淆。

廋削身材偏韻致，恍如倩女立堂坳。（二）

賞菊〔註173〕

紫白紅黃色色兼，足供清玩亦何嫌。

秋光更比山容淡，佳景還宜詩興添。

竟日相看原有癖，臨風獨酌未傷廉。

此間錯認柴桑里，費外停車客久淹。（一）

酷愛秋深每捲簾，小庭佳色日頻添。

〔註169〕《臺南新報》大正13年（1924）9月10日，8103期頁5。刊於詩壇。

〔註170〕《臺南新報》大正13年（1924）11月19日，8173期頁5。刊於詩壇。

〔註171〕《臺南新報》大正13年（1924）12月1日，8185期頁5，得第右臚左錄。刊於詩壇。依歌韻。酉山吟社擊鉢吟，左詞宗王芷香、右詞宗蔡南樵。

〔註172〕《臺南新報》大正13年（1924）12月7日，8191期頁9，分別得第右五左十二、左十。刊於詩壇。桐侶吟社擊鉢錄，左詞宗笑儂、右詞宗老雲。

〔註173〕《臺南新報》大正13年（1924）12月11日，8195期頁5，分別得第左三右一、左六右二。刊於詩壇。依鹽韻。左詞宗徐慶瀾、右詞宗林珠浦。

差同詩境分濃淡，更與遊人泯忌嫌。

三徑倒樽原不負，重樓覓句又何厭。

只應譜入柴桑景，一切花容寫素□。（二）

贈梅〔註174〕

羅浮春夢未忘情，別後知君恨易生。

我寄一枝聊告慰，何曾望報到琚瓊。

鶯出谷〔註175〕

泉石饒春色，鶯聞處處鶯。移巢雲外去，求侶雨前鳴。

語細和吹笛，聲清訝理箏。詎敢閒散老，好是趁天晴。

送砥石芸兄榮歸〔註176〕

晴天三月故人歸，多少沙鷗逐鷺飛。

如此鶯花春似海，離心惻□柳依□。

舞龍燈〔註177〕

風雲休藉助，麟甲自光芒。不願同蛟伏，也隨學鳳翔。

市喧鼉鼓動，人逐馬蹄忙。世界如韜晦，閒身且隱藏。

固園聽鶯〔註178〕

卻非怨綠與啼紅，一片清聲慰客衷。

花底間關知語滑，園中節奏及春工。

笙簧舌鼓翻疑雨，楊柳身藏巧避風。

我欲狂吟時和汝，生驚貽笑主人翁。

苔髮〔註179〕

〔註174〕《臺南新報》大正14年（1925）1月9日，8224期頁5，得第右一左避。刊於詩壇。依庚韻。左詞宗施梅樵、右詞宗黃氏金川。

〔註175〕《臺南新報》大正14年（1925）1月12日，8227期頁5。刊於詩壇。

〔註176〕《臺南新報》大正14年（1925）2月4日，8250期頁5。刊於詩壇。

〔註177〕《臺南新報》大正14年（1925）2月15日，8261期頁9，得第左翰二右錄。刊於詩壇。全臺詩社聯吟大會擊錄，左詞宗謝汝銓、右詞宗洪以倫。

〔註178〕《臺南新報》大正14年（1925）2月27日，8273期頁5，得第左翰三左錄。刊於詩壇。南社春會擊錄，左詞宗張純甫、右詞宗趙雲石。「衷」，原誤作「裏」，今改。

〔註179〕《臺南新報》大正14年（1925）3月18日，8292期頁5，得第左二右避。刊於詩壇。西山吟社例會擊吟，左詞宗王秋笙、右詞宗施梅樵。

綠雲生繞玉階嬌，畫筆纖纖亦費描。

沐雨櫛風增嫩秀，晞晞我自感飄搖。

次靜軒韻〔註180〕

吾生去住等閒雲，得失何曾係半分。

反覆人情同紙薄，艱難時局比絲紛。

東坡說鬼原非俗，西子工顰便不群。

只合放懷長醉臥，免教冷語耳頻聞。

暮春感懷〔註181〕

燕惱鶯愁此落花，春深風雨逼窗紗。

詩情偏爲懷人減，酒債都從散悶賒。

傀儡場中慚面目，蜉蝣世上負年華。

潘郎今已絲絲鬢，對鏡羞看短帽斜。

牧羊圖〔註182〕

丹青歷久色模糊，嚼雪餐氈貌已癯。

猶有千秋臣節在，詎甘屈膝事匈奴。（一）

淡煙濃墨寫成圖，十九年中白到鬚。

風雪餇嘗心不易，子卿節操世間無。（二）

西薈芳席上〔註183〕

異鄉權作同鄉會，勸酒名花又解人。

席上慚余居座右，絲絲鬢髮半如銀。（一）

誰將拇戰決輸贏，唱和新詩樂趣生。

收拾風光齊入夢，黑甜鄉裏聽鶯聲。（二）

洪月樵許梅舫招遊恒春余阻其行今閱過枋山溪諸大作爰次其韻率成一絕〔註184〕

方知覽勝十分難，南指吟鞭路渺漫。

〔註180〕《臺南新報》大正14年（1925）4月22日，8327期頁5。刊於詩壇。
〔註181〕《臺南新報》大正14年（1925）4月27日，8332期頁5。刊於詩壇。
〔註182〕《臺南新報》大正14年（1925）6月3日，8369期頁5，得第右二左四。刊於詩壇。依虞韻。西山吟社擊錄，左詞宗吳子屏、右詞宗林連卿。
〔註183〕《臺南新報》大正14年（1925）7月11日，8407期頁5。刊於詩壇。
〔註184〕《臺南新報》大正14年（1925）7月16日，8412期頁5。刊於詩壇。

只好臥遊同遣興，人間防有使君灘。

次韻（施良〈會家梅樵叔偕王君禮樂並贈阿敏女校書〉）〔註185〕

慰我客中愁寂寞，果然北地此燕支。

勾留讓盡長途事，爲汝歸程一已遲。

和芷香旅北有贈韻〔註186〕

前身記住百花洲，陟遍蓬田十二樓。

可惜風情今漸減，不將人世繫歡愁。（一）

聲價明知倍舊時，才人題福錦屏詩。

秦川公子垂青眼，禁得臨妝不展眉。（二）

秋山〔註187〕

淡□煙雲渺□峰，青鬢翠黛隔重□。

林間數點飛□鷺，補綴岡巒絕妙客。

酒肆〔註188〕

紅板橋頭更巷東，樽中風味賞心同。

停鞭覓得吳姬處，著數青錢計亦工。

致林笙齋書信〔註189〕

笙齋先生左右：

是早睡夢中拜誦大著〔註190〕珍如拱璧，比之拙作判若雲泥，不辜弟抛
磚之初心也。別後館課鹿鹿迄昨，回憶前游，偶得絕句六首〔註191〕，

〔註185〕《臺南新報》大正14年（1925）7月17日，8413期頁5。刊於詩壇。
〔註186〕《臺灣日日新報》第9095號，大正14年（1925）（1925）9月3日。詩後附
　　　　潤庵漫評：「繪聲繪影，覺費曉樓士女圖，尚有傳神不到之處。」
〔註187〕《臺南新報》大正14年（1925）10月9日，8497期頁5，得第左六。刊於
　　　　詩壇。依冬韻。高雄四美吟會擊鉢錄。左詞宗林石崖、右詞宗施梅樵。
〔註188〕《臺南新報》大正14年（1925）10月27日，8515期頁5，得第左三。刊於
　　　　詩壇。依東韻。高雄四美吟會。左詞宗陳家駒、右詞宗鄭坤五。
〔註189〕《林克宏書信總集》影本頁25，蒙東海大學吳福助教授慨贈，謹此致謝。林
　　　　寶鏞（1858～1925）字克宏，號笙齋。林克宏之「宏」字，審其諸友致書用
　　　　字，頗見有用「弘」字者。茲以本書標題所用「宏」爲據。此信未註明年代，
　　　　因暫次於大正14年（1925）林氏去世之年。
〔註190〕「著」，原稿作「箸」，疑誤，今改。
〔註191〕指此信後另附紙書寫之〈遊南崗即事〉詩作。

自知下里巴歌難入風人之聽，不過藉以遣懷耳。一笺貴暇，乞賜和筆，
所命書三宣紙之中堂貼聯，謹依大示，容俟三數日呈上。至於宣紙，
弟處有之，無煩付還，拙作另紙錄呈，列希

斧削爲感，敬請

著〔註192〕安

小弟施梅樵拜五月二十一日

遊南崗即事

去去輕車趁夕陽，吟情寂思入蒼茫。

佛山樹老烏溪水，肯許樂分一米涼。（一）

南投山接北投山，過往頻頻咫尺間。

且挈奚囊尋舊雨，此時相見笑開顏。（二）

桃源歸近武陵津，雞黍殷勤黃道眞。

領略仙家風雲好，千年不信未亡秦。（三）〔註193〕

澄靜天懷悅謝敷，款留竟夕美笙竽。

竽前托盞邀明月，試問嫦娥反白無。（四）〔註194〕

註詩吾愛林君服，好古人傳吳可染。

各喜相逢怨相別，臨歧無語總依依。（五）〔註195〕

田中樓席上戲作〔註196〕

偎紅擁翠不知寒，酒量宵來分外寬。

莫笑老夫狂似昔，能消清福卻爲難。

將歸里留別南部諸親友〔註197〕

何須聚散各歡愁，三載攜家此駐留。

卻似淵明歸栗里，不同子美客夔州。

疎狂難免違庸俗，閱歷漸知寡應酬。

剩得雪泥鴻爪在，他年正好續前遊。

〔註192〕「著」，原稿誤作「箸」，疑誤，今改。
〔註193〕原註：「謂黃雪樵」。
〔註194〕原註：「謂謝潛甫」。
〔註195〕原註：「謂笙齋先生、吳南能」。
〔註196〕《臺南新報》大正15（1926）1月7日，8587期頁6。刊於詩壇。
〔註197〕《臺南新報》大正15（1926）1月29日，8609期頁6。刊於詩壇。

誤佳期　贈友〔註198〕

昨夜相偎笑語，眞個忘形爾汝。□車此日來何遲，知否愁懷幾許。
清響動芭蕉，流言聽鸚鵡。憐卿早已解相思，怎肯拋雲雨。

次送別韻並示建安〔註199〕

去住悠悠祗率眞，客居容易閱三春。
而今忽動歸鄉思，不學臨歧涕淚人。（一）

沿途訪舊到家遲，湖色山光側目窺。
風景當前胸頓豁，亡羊始悟路紛歧。（二）

老至名心總未休，半思著作半優遊。
生涯筆墨無他嗜，入俗還多別繫愁。（三）

差堪冰雪比聰明，與子相期萬里程。
停看騷壇先拔幟，稱雄畢竟讓門生。（四）

訪國楨詞兄遇雨書贈〔註200〕

秦淮月落歌聲歇，愴絕江干別。殘花逐水水猶香，錯把相思情緒更
牽長。廻舟搖漾波紋曲，打折梳頭玉。憑闌回顧默無言，早料粧奩
檢點暗銷魂。

施梅樵先生書帖〔註201〕

樂育菁莪憶盛時，能兼良吏與賢師。
鑑衡文字從褒貶，奮發人人望有爲。（一）

果然百里盡蒙休，大海珊瑚一網收。
月旦公評符眾望，知誰名士屬龍頭。（二）

月課蟬聯判後先，秋闈大比例三年。
決科便是題名兆，獎賞花紅過十千。（三）

海隅何意變滄桑，零落璜溪舊講堂。
多士一時星散盡，回思往事劇心傷。（四）

〔註198〕《臺南新報》大正15（1926）1月29日，8609期頁6。刊於詩壇。署名「捲
　　　　濤閣主人」。
〔註199〕《臺南新報》大正15（1926）2月24日，8635期頁6。刊於詩壇。
〔註200〕《臺南新報》大正15（1926）3月20日，8659期頁6。曲牌名「虞美人」。「闌」，
　　　　原誤作「蘭」，今改。
〔註201〕施梅樵《施梅樵先生書帖》，彰化：楊英梧，大正15（1926）年6月。

劫後文章視等閒，誰施妙策濟時艱。

始知抱膝長吟好，創立騷壇話故山。（五）

依舊名稱示不忘，詞場旗鼓亦堂皇。

吾儕各有扶輪責，扢雅揚風豈淺嘗。（六）

文明人物尚詞華，島瘦郊寒各自誇。

力爲斯文存一脈，偏師制勝願尤賒。（七）

牛耳由來乏主盟，中年猶有故鄉情。

歸巢卻似含泥燕，佇看群雛養育成。（八）

丙寅 〔註202〕**首夏梅樵施天鶴書**

白沙書院者，前清縣令所設以課士也。每月有官師兩課中選者，獎
賞膏伙花紅，原爲育才起見。改隸後，諸遺老遂組織白沙吟社，以
存其名焉。厥後擊缽之聲不聞，時余家居臺南，英梧、雪若過訪，
勸余歸，主講席。余與白沙吟社誼關桑梓，詎敢推辭？又得楊宗堯、
楊玉衡、楊心靈、楊全、楊英梧諸君子極力鼓舞，得以成其事。爰
於丙寅春初中澣移硯斯地，且喜成學者，則余所爲默禱此矣。余不
才，愧無片長過錄，百年後恐與草木同朽。倘得藉此末光流傳千古，
非特不才之幸，諸君子亦大有功焉。謹收緣由以紀其大略，并成七
絕句八章，錄之於前，詩文工拙不暇計也。

和之月　梅樵又誌

卷二　昭和時期作品

敬依瑤韻（瘦菊〈偕梅樵詞長飲於杏花樓上聞妓訴恨有感而作〉）
〔註203〕

相逢藉酒澆離恨，眉月 〔註204〕 禁風共一樓。

暑氣頓消三伏夏，歌唇微露幾分秋。

沉淪孽海知無岸，棲梁宿雕愧莫愁。

指日待看桃葉渡，王郎原不減風流。

〔註202〕丙寅年乃大正 15 年（1926）。

〔註203〕《臺南新報》昭和 1 年（1926）8 月 27 日，8819 期頁 6。瘦菊作見該報同版。

〔註204〕原註：「是夜初三。」

壽王有虞翁七十晉一〔註205〕

男兒既不能博取卿相邀尊容,曷若終身畎畝事巖耕。又不能掀天揭地史留名,毋寧煉丹燒汞學長生。塵世勞碌究何用?天倫樂趣如有情。山深林密詎必嫌荒僻,時有猿鶴來尋盟。家計休愁無旁貸,兒種胡麻妻斸苓。煮石餐霞當作飯,耳聽目視倍聰明。此身歷盡幾甲子,修養元氣鍊真形。我從蓬萊偶爾一挂杖,赤松黃石爭逢迎。霓裳羽衣曲並奏,云是王喬仙子此日正稱觥。左侍何如人?揮塵道是許飛瓊。右侍何如人?捧觴道是董雙成。交梨火棗齊羅致,忽見木公金母門外駕縱橫。那仙艷毬蹈且舞,歌吹彈唱錯雜歡笑聲。我與仙人素未謀面,空令翹首上界瞻望少微星。方今人類多嗜慾,養身之學視為輕。貨色即是戕命斧,胡為逐逐事競爭。有虞翁,意氣平。我放歌,且細聽。舉世方醉子獨醒,榮枯得失付時數,無思無慮日康寧。陳實有好兒,光大及門庭。摩詰承家學,輞川詩書喜兼并。蔗境如翁亦云足,但願翁壽如岡又如陵。

重陽後二日豐原諸友留飲〔註206〕

秋風重覓舊巢痕,菊正黃時氣尚溫。
為我吟筵遲兩日,讓君豪興倒千樽。
騷壇喜見新旗鼓,驛路休辭閱夕昏。
防卻參軍全落帽,皤皤髮鬢那堪論。

東門官邸雅集席上聯句仿柏梁體〔註207〕

東門邸開翰墨場(蔗庵)。……(中略)……。琴劍匆匆卸客裝(梅樵)。青雲氣吐又眉揚(潤庵)。只禱年豐穀滿倉(壺溪)。……(後略)

〔註205〕《王有虞先生壽詩集》。9月21日(農曆中秋節)苑裡庄王有虞翁壽誕。昭和元年(1926)其子王清淵徵詩祝壽,錄集成冊以為獻禮。轉錄自林文龍〈鹿港詩人施梅樵〉頁82,《臺灣風物》26卷4期,1976年12月31日。
〔註206〕見張麗俊著、許雪姬等解讀《水竹居主人日記》「昭和元年(1926)10月17日」頁101,臺北:中央研究院近代史研究所,2001年8月初版。
〔註207〕《臺灣時報》85期頁127,昭和元年(1926)12月15日。又見豬口安喜編《東閣唱和集》,臺北市發行,昭和2年(1927)11月。

頌鏡蓉先生相卜〔註208〕

允合推先覺，風塵賞識眞。眼中無俗子，世上幾才人。

禍福原非爽，評論自有神。何須羨康節，數埋更深醇。

壽陳基六案兄花甲〔註209〕

乾坤□洞原莫測，海桑變遷曷有極。

惟此賦畀眞元氣，葆守堅貞同松柏。

皇王二萬八千歲，升沈顯晦空陳迹。

繁華富貴等春夢，人生信是一過客。

少壯幾時忽而老，勝事何堪述曩昔。

文場鏖戰春又秋，一劫紅羊感離索。

故人愛我繫夢魂，頻藉双魚通消息。

少微星耀鰲峰頭，翹首瞻望在咫尺。

鰲峰之下有隱軍，高蹈久與塵俗隔。

匡時一念未曾忘，舉世瘖瘂任其責。

平生嗜好惟嘯歌，咀文嚼字工刻劃。

江山風月助吟懷，適興何愁鬒髮白。

即今杖鄉身尚健，華堂稱觥集裙屐。

臨風薦頌九如篇，無分綺筵厠末席。

預約他年祝期頤，傾盡百壺勿吝嗇。

上山督憲席上以詩見示謹步瑤韻併乞斧正〔註210〕

雄心鬱勃似鯤鵬，倒影遙天水色澄。

眼界曾經空泰華，口碑端合頌岡陵。

詩工鍛鍊成孤詣，誦句珠璣勝百朋。

吟宴肯容陪末席，文星耀比萬家燈。

敬依蔗庵督憲原韻吟呈青厓先生斧正〔註211〕

霓裳一曲會群仙，海內同聯筆墨緣。

〔註208〕《臺灣日日新報》第9651號4版，昭和2年（1927）3月13日。刊於詩壇。
〔註209〕《臺灣日日新報》第9789號4版，昭和2年（1927）7月29日。詩後附潤
　　　　菴漫評：「以海桑變遷。乃至於由少壯而老立論。上半篇頗與尋常之壽詩不同。」
〔註210〕見豬口安喜編《東閣倡和集》頁9。昭和2年（1927）11月發行。
〔註211〕見豬口安喜編《東閣倡和集》頁18。昭和2年（1927）11月發行。題下原註：
　　　　「分韻得先」。

最好詩成燈乍上，巳〔註212〕寒時節未寒天。

唁張祉亭氏長女、幼女同時而殤〔註213〕

死生有命語荒唐，醫疾偏如續命湯。

坐看双珠沉恨海，分明浩劫等紅羊。（一）

幼稚何嘗有罪愆，未應殘酷促天年。

黃泉垃駕鈿車日，知否慈幃涕淚漣。（二）

始信聰明是禍胎，鬼神原自妬清才。

九天他日重遷謫，應厭紅塵莫再來。（三）

碧草芊芊弱女墳，墳前風景好平分。

一碑鐫就双名字，無數歸鴉咒夕暉。（四）

秋日偕諸詞客遊北投讀疇五叔潛諸君子和作疊韻却寄〔註214〕

一領青衫半墨痕，神泉浴罷體逾溫。

幸逢騷客來吟屐，重累佳人理酒尊。

覓句閒情聊自遣，看□老眼未曾昏。

風塵潦倒繁霜鬢，身世蜉蝣那忍論。

臺北旅次鄭蘊石詞兄過訪卽依聽琴韻〔註215〕

樓頭一片暮雲橫，又聽秋風瑟瑟聲。

客裡相逢談往事，頓教感憤霎時生。

即景仍用前韻〔註216〕

酒家帘影小窗橫，聽慣伶人按曲聲。

獨擁重衾愁夢冷，能禁相思不旋生。（一）

塵□征衫一榻橫，秋來怕聽搗衣聲。

歸裝草草應收拾，明發何須曉日生。（二）

〔註212〕「巳」字，原誤作「己」，今改。

〔註213〕《臺灣日日新報》第 10222 號 8 版，昭和 3 年（1928）10 月 5 日。

〔註214〕《臺灣日日新報》第 10255 號 4 版，昭和 3 年（1928）11 月 7 日。詩後附潤
菴漫評：「詩亦潦倒中有姿致。」

〔註215〕《臺灣日日新報》第 10255 號 4 版，昭和 3 年（1928）11 月 7 日。鄭蘊石〈聽
駱香林詞客彈琴〉見該報同版。

〔註216〕《臺灣日日新報》第 10255 號 4 版，昭和 3 年（1928）11 月 7 日。

行楷十二言龍門聯〔註217〕

發議見赤心畢竟奸雄退三舍／記名垂青史果然忠義著春秋

祝黃景謨軍受川村督憲表彰爲臺灣功勞者〔註218〕

氣節陶元亮，交遊陳孟公。盛名□物望，偉績慰宸衷。

不復爲甘雨，還多拜下風。他時諮國事，弘景住山中。

和韻（洪棄生〈東梅樵三首〉）〔註219〕

拄杖望燄峰，暮從山下宿。

烏溪似黃河，躍浪三三曲。（一）

唯君醉我心，勝似飲醇酒。

佳句在人間，長歌九十九。（二）〔註220〕

風雪滿衡門，寒夜酒頻溫。

思君入夢寐，明月照孤村。（三）

過斗六寄友〔註221〕

驅車南山下，遊子念行役。長途生悲風，行行我心惻。

忽忽日昏暮，停車斗六驛。憑檻望君家，相去但咫尺。

回溯十年前，過訪騷人宅。感君情意厚，留賓且設席。

座中風雅士，大半清狂客。豪吟盡佳句，擊節浮大白。

明知覆瓿物，珍重如拱璧。聚會亦良難，交情況筆墨。

別來未幾時，故人生死隔。我年雖未老，鬢髮已如戟。

重登君子堂，或者不相識。人生若大夢，百年只頃刻。

〔註217〕見《臺灣早期書畫專輯》頁159三幅行楷。南投：國史館臺灣文獻館，2003
　　　　年12月。174*45公分。款文：「戊辰潤仲春」（1928年）、「梅樵施天鶴敬書」。
　　　　戊辰年爲昭和3年（1928）。鈐印：白文「施天鶴印」，朱文「梅樵氏字蛻奴」。
　　　　涂勝本先生藏。又收在《承先啓後，縱橫百年──南投縣前輩美術家專輯》
　　　　頁27。南投：南投縣立文化中心，1997年1月。

〔註218〕《臺灣日日新報》第10319號4版，昭和4年（1929）1月11日。

〔註219〕洪棄生著《洪棄生全集・寄鶴齋詩集・枯爛集》頁343，南投：臺灣省文獻
　　　　委員會，1993年5月。本詩未詳寫作日，以洪棄生卒於昭和4年（1929）2
　　　　月9日，詩必爲此年之前作，因暫次於此年。

〔註220〕原註：「君早年有九十九峰歌，一時傳誦。」洪棄生〈九十九峰歌〉收在洪棄
　　　　生著《洪棄生全集・寄鶴齋詩集・謔蹻集》頁51。

〔註221〕見洪棄生《寄鶴齋選集》頁213，臺灣文獻叢刊第304種。本詩未詳寫作日，
　　　　以洪棄生卒於昭和4年（1929）2月9日，詩必爲此年之前作，因暫次於此年。

　　勸君且加餐，保此好顏色。

次韻（林純卿〈元日書懷〉）〔註222〕

　　有約崁城賞好春，臨行却步笑頻頻。

　　風塵琴劍仍爲客，霜露雞豚每薦新。

　　老至甘從閒裏過，師承轉□淡中眞。

　　長途不盡牢騷思，未忍倉黃晤俗人。

次韻（楊笑儂〈元日書懷〉）〔註223〕

　　有約崁城賞好春，臨行却步笑頻頻。

　　風塵琴劍仍爲客，霜露雞豚每薦新。

　　老至甘從閒裏過，詩成轉□淡中眞。

　　長途不盡牢騷思，未忍倉皇語俗人。

南遊於高雄下車訪靜軒詞兄別後寄懷〔註224〕

　　談心片刻藉聯歡，飽聽新詩勝眼看。

　　信是此行眞不負，留將佳句播同安。（一）

　　言歸有約竟何如，辜負珠蘭盼望虛。

　　蒻澤未親魂已斷，枉爲青鳥一傳書。（二）

同學諸子訪余於近江屋客次賦此示之〔註225〕

　　三年嗟斷梗，一夕聚浮萍。畢集逢春暖，相看若夢醒。

　　亭臺猶歷歷，鬢髮已星星。老矣將安適，家居日掩□。

過屏東賦贈吟壇諸彥〔註226〕

　　曩昔遨遊地，重來認雪鴻。

　　吾生感飄忽，人事信盧空。

　　鬢已毿毿白，花猶灼灼紅。

　　多情爲吟侶，三宿出屏東。

〔註222〕《臺灣日日新報》第 10369 號 4 版，昭和 4 年（1929）3 月 2 日。林純卿作
　　　　在該報同版。

〔註223〕《臺灣日日新報》第 10369 號 4 版，昭和 4 年（1929）3 月 2 日。刊於詩壇。

〔註224〕《臺灣日日新報》第 10381 號 4 版，昭和 4 年（1929）3 月 14 日。

〔註225〕《臺灣日日新報》第 10388 號 4 版，昭和 4 年（1929）3 月 21 日。

〔註226〕《臺灣日日新報》第 10388 號 4 版，昭和 4 年（1929）3 月 21 日。後附潤庵漫
　　　　評：「深情若揭。而思路水到渠成。不拘繩墨。非老手莫辦。」

第一樓席上家駒賜和疊前韻答之〔註227〕

客夢化蝴蝶，家書託雁鴻。

苦吟詩思澀，豪飲酒尊空。

襟上征塵黑，樓頭舞袖紅。

猜拳初奏凱，高唱大江東。

鏡明玉田二君以詩見貽次韻奉和〔註228〕

自慚老大博虛名，回首滄桑淚暗傾。

書法每懷王逸少，詩才空境謝宣城。

閒居尚乏匡時略，禦敵終需貫勇兵。

廚下吟壇同一例，縱多菜味賴調烹。

次韻（尤鏡明〈送別施梅樵先生〉）〔註229〕

著書風雨老名山，才薄明知濟世艱。

有好林泉思寄跡，得佳文字笑開顏。

癡情敢詡千秋葉，中歲惟求一味閒。

莫漫相逢怨離別，試看鳥倦便飛還。

次韻（楊敬亭〈送別施梅樵夫子歸里〉）〔註230〕

行路人休嗤笨伯，移山我不讓愚公。

少年意氣方英銳，何用高飛羨塞鴻。

次韻（薛玉田〈送別施梅樵先生〉）〔註231〕

明知分手無多日，何用傷心各一天。

樗櫟庸材嗟我老，更從文字締因緣。

次韻（蔡元亨〈送別施梅樵先生〉）〔註232〕

〔註227〕《臺灣日日新報》第 10405 號 8 版，昭和 4 年（1929）4 月 8 日。

〔註228〕《臺灣日日新報》第 10406 號 5 版，昭和 4 年（1929）4 月 9 日。

〔註229〕《臺灣日日新報》第 10420 號 4 版，昭和 4 年（1929）4 月 23 日。刊於詩壇。
尤鏡明作見該報同版。

〔註230〕《臺灣日日新報》第 10435 號 4 版，昭和 4 年（1929）5 月 8 日。刊於詩壇。
楊敬亭作見該報同版。

〔註231〕《臺灣日日新報》第 10435 號 4 版，昭和 4 年（1929）5 月 8 日。刊於詩壇。
薛玉田作見該報同版。

〔註232〕《臺灣日日新報》第 10435 號 4 版，昭和 4 年（1929）5 月 8 日。刊於詩壇。
蔡元亨作見見該報同版。

平原春草正萋萋，何處鄉關一望迷。

作客羇愁經歲月，吟情酷嗜好□溪。

次韻笑答儂君〔註233〕

拔幟騷壇客亦多，雄才誰詠大風歌。

最難佳節逢元夕，又得柔荑勸巨羅。

縷縷離懷談伴侶，蹯蹯短鬢愧嫦娥。

舊栽桃李牽情甚，縛住歸心奈若何。

祝族叔母陳太孺人七句華悅〔註234〕

君不見天姥之峰高莫極，上去雲天惟咫尺。諸山環侍如兒孫，群推此峰為巨擘。峰坳時見五雲生，峰頭霞比赤城赤。桂樹秀出有三株，知是乾坤間氣鐘靈脈。我曾過此一攀躋，直到絕頂始休息。人寰俯視總茫茫，九州六合少如麥。風景奇拔似蓬萊，無數樓臺炫金碧。中有仙姥休養幾多年，鍛鍊精神束魂魄。偶然謫降到人間，七十春秋似頃刻。及身世局幾變遷，家政主持無失德。婦道母儀能兼備，天聽雖遠誠可格。老境渾同啖蔗佳，多福多壽膺寵錫。古稀先啓玳瑁筵，佇看期頤稱觴集裙屐。

與莊柳恒同車話舊因成短古〔註235〕

憶昔忙碌中，不及餞君行。寄我留別詩，殷勤見此情。

壯年有遠志，艱難事長征。乘風且破浪，駕舟出鯤溟。

大海不揚波，水面如鏡平。天教開眼界，經旬駐帝京。

佳句壓歸裝，多為卽事成。相逢驛亭中，一笑當歡迎。

鴻雁正南飛，遙天各梳翎。人生有聚散，分手在前程。

赴田中庄於車中偶得一首〔註236〕

溪聲清遠入空冥，山色偏於雨後青。

一片蕉陰天未午，風吹鴛夢落□□。

〔註233〕《臺灣日日新報》第10452號4版，昭和4年（1929）5月25日。楊笑儂〈用前韻寄呈梅樵先生於全島詩會〉見見該報同版。

〔註234〕《臺灣日日新報》第10455號4版，昭和4年（1929）5月28日。刊於詩壇。

〔註235〕《臺灣日日新報》第10555號4版，昭和4年（1929）9月5日。詩後附潤庵漫評：「情致流露。古詩正聲」

〔註236〕《臺灣日日新報》第10608號4版，昭和4年（1929）10月29日。

施節母郭孺人傳略〔註237〕

孺人郭氏，鹿港人，故名醫郭江翁之長女也。幼習女紅，兼工繪事。年二十二，歸我從兄學海。家貧，薪米時告匱。孺人以針黹助家計，未嘗興嗟絕□，鄉人賢之。不謂造物無情，□天竟喪。遺孤石甫尚在襁褓，讓甫即遺腹兒也。時吾族遭戊子之禍，破產者有人，逃亡者有人，何處可呼將？伯母子相依，艱難萬狀。孺人茹苦含辛，堅持素志。迄今兒子成立，孫□繞膝。蔗境之佳，正自未艾也。己巳小春爲孺人花甲悅辰，讓甫姪欲乞騷人題詠，以慰慈懷。請余就其大略而爲之傳。

　己巳嘉平〔註238〕　　　　　　　　　　　　　　施梅樵拜言

大城鄉咸安宮點金柱楹聯〔註239〕

咸仰帝之威靈無臭無聲功不顯／安斯民於袵席爲醫爲相績何殊

黃金川女士詩草序〔註240〕

工吟柳絮，謝道韞的是奇才。能續漢書，曹大家允推巨擘。可知山川秀靈之氣，非獨鍾渝士夫。卽香閨淑女，亦各有賦稟之聰明。性情之溫厚，以發諸吟詠者也。若金川女士詩草一書，是其明徵矣。金川，閩南望族，江夏世家。先人僑居臺灣，故長於斯土。幼失怙，惟母氏是依。髫齡隨兄朝琴、朝碧奉母遊日，負笈東都。年十八歸臺，是年遊於吾門。初學作文，便明晰可喜。老宿見之，爭相嘉許。島內詩學盛行，金川輒以詩請於余。余曰：善！不數月，詩思泉湧，壇坫蚩聲。人莫不謂：巾幗中之錚錚者矣！

金川生逢文明時代，又屬膏粱文繡之家，而舉動常守禮法，用度不事豪奢。奉母則定省無間晨昏，事兄則敬恭惟貫終始，其懿德尤爲人所不及。詩，其緒餘者也。去冬，余六十初度，金川不憚長途跋

〔註237〕施梅樵墨蹟三，《鹿江集》頁（5）。彰化：瑞明印刷所，1957年。

〔註238〕己巳嘉平，即昭和4年（1929）12月。

〔註239〕款文：「昭和四年己巳　鹿港梅樵施天鶴書　鹿港施讓甫撰　本街弟子吳天麟敬立」。彰化縣大城鄉咸安宮供奉保生大帝。昭和4年（1929）。

〔註240〕本文編年據梅樵自署序文完稿日期，爲庚午年（昭和5年，1930）元旦，梅樵時年61歲。黃金川《金川詩草》，上海：中華書局，民國19年（1930）6月。又，《金川詩草》版本變化請參林翠鳳〈黃金川《金川詩草‧續編》原稿本的發現〉，《東方人文學誌》一卷一期第139～172頁，2002年3月。

涉，登堂祝壽，並袖其詩草，乞余序言。余不文，且以誼關師弟，不敢鋪張，以失其實。第以近今女子中，有如金川之學問者匪難，如金川之品行者實難也。其令兄，美國碩士朝琴，欲以金川詩草付諸手民，爰就其事實以敍於篇首。

庚午元旦　梅樵施天鶴拜手序於捲濤閣

次笑儂歲暮書感瑤韻〔註241〕

歲月無情老漸知，窗梅籬菊契幽思。
名田事業千秋在，但得偷閒便賦詩。（一）

艱難蜀道□經過，山鬼揶揄怎□何。
磅礡兩間留正氣，□□濁□發□歌。（二）

桃源何處□津涯，時□□流感物華。
駐景無方空太息，不同張□嘆無□。（三）

遇佳山水輒勾留，砲□□塵暫息遊。
我悟□家真妙諦，只須歡喜不須愁。（四）

次韻〈楊笑儂〈暮春書懷呈梅樵先生〉〉〔註242〕

茗盌花罇日夕親，耽吟成癖笑頻頻。
名心淡比秋園菊，詩債多於驛路塵。
身世艱危增智識，文章悲憤見精神。
曹劉李杜殷私淑，尚友何曾薄古人。

次韻（楊笑儂〈春日雜詠呈梅樵先生〉）兼寫懷〔註243〕

坐擁書城富百家，烹經煮史足生涯。
十年已斷江淹夢，彩筆難期更吐花。（一）

機杼文章自一家，管他謗妒日交加。
江南庚信推能賦，刻劃功深細似麻。（二）

〔註241〕《臺灣日日新報》第 10724 號 4 版，昭和 5 年（1930）2 月 23 日。楊笑儂〈除夕感作竝寄磺溪諸詞友〉見同版。
〔註242〕《臺灣日日新報》第 10807 號 4 版，昭和 5 年（1930）5 月 15 日。楊笑儂作見該報同版。
〔註243〕《臺灣日日新報》第 10829 號 8 版，昭和 5 年（1930）6 月 9 日。楊笑儂作見該報同版。

無分從戎劍莫磨，年華自悔等閒過。

短衣匹馬身猶健，韜略兼優有幾多。（三）

老至名心冷似灰，直尋枉尺亦愚哉。

只應肥遯鳴高好，猿鶴山中日往來。（四）

笑儂以詩見貽次韻奉答〔註244〕

文章作手愧韓蘇，博得虛名豈足娛。

未已壯心言愈放，無多飲量酒休沽。

慣聽霓羽知仙樂，有用才華厭俗儒。

六合九州吞咳唾，不甘眼界圍方隅。

次韻（楊笑儂〈客中寄懷碛溪諸吟侶〉）〔註245〕

不捲重簾睡起遲，半庭花氣蝶先知。

客來問字頻携酒，老至貪閒尚賦詩。

壽世君應為國士，談心我每覓屠兒。

伯休賣藥非貧賤，鼎鼎聲名動一時。

二林訪呂申甫君賦贈〔註246〕

炎雲疊遙空，偏作遠行客。薄暮隅停車，一□舊游跡。

詩酒且聯歡，因之忘晨夕。壯年詩筆健，可以追元白。

愧我已頹唐，佳句吟不得。

白蓮〔註247〕

水面浮香淡，江心設色嬌。繁華經洗盡，朱墨却難描。

皎皎疑水雪，亭亭閱汐潮。濂溪留粉本，我見也魂鎖。

於報紙上讀嘯霞笑儂二君唱和什不覺技癢因憶舊遊次韻成十二首

〔註248〕

〔註244〕《臺灣日日新報》第 10835 號 4 版，昭和 5 年（1930）6 月 15 日。詩後附潤庵漫評：「未已聯。如是裁對。真不呆板。特為拈出。」楊笑儂〈春日書懷呈梅樵先生兼示同學諸友〉見該報同版。

〔註245〕《臺灣日日新報》第 10865 號 8 版，昭和 5 年（1930）7 月 15 日。刊於詩壇。

〔註246〕《臺灣日日新報》第 10898 號 4 版，昭和 5 年（1930）8 月 17 日。

〔註247〕《詩報》昭和 5 年（1930）11 月 27 日，02 號頁 13，得第右七左避。臺北同聲聯吟會，左詞宗施梅樵、右詞宗釋惠雲上人。

〔註248〕《臺灣日日新報》第 10935 號 4 版，昭和 5 年（1930）9 月 23 日。刊於詩壇。

薄酌相將近水樓，偶逢海客話瀛洲。
玉簫金管霓裳曲，無數佳人坐上頭。（一）
却恨緣慳一面遲，青衫紅袖各能詩。
蠅頭細字題巾背，留取他年憶故知。（二）
一幅丹青面目新，南都粉黛畫中人。
佛家識得相思苦，學化如來億萬身。（三）
如剪東風入暮寒，一杯□酒怕憑閑。
落花似共人憔悴，却懶□粧縮兩□。（四）
神女前身是玉卮，紅塵謫降幾多時。
聰明庾語都能解，怪底旁人說假癡。（五）
吹竹彈絲色色工，喃喃蜑語早能通。
平生恃飲偏防酒，一盞纔看兩頰紅。（六）
遇佳山水便登臨，到處留題興莫禁。
二十五絃瑤瑟在，輕彈端坐綠榕陰。（七）
幾樹薔薇半作花，可憐濃豔勝朝霞。
閒階無語當風立，薄日渾忘鬢影斜。（八）
一角青帘望不迷，商量小憩驛亭西。
憐渠羞澀偏成慣，逢著生人首即低。（九）
三五良宵月正盈，笙歌愛絕董雙成。
前遊回首眞如夢，瑣事年來記不清。（十）
濡筆休嫌墨滿池，夕陽高掛竹簾垂。
攤箋我喜題新咏，付與紅兒好繡絲。（十一）
踏遍山隈又水濱，未曾疲憊到精神。
風塵尚喜吟軀健，行止由來總率眞。（十二）

次笑儂君遣懷四首瑤韻〔註249〕

翳雲銷散曉峰晴，差慰憑闌望遠情。
故老痛談秦二世，遺民記列魯諸生。

後附潤菴漫評：「老尚多情亦壽徵，讚此知作者興復不淺，艷體詩以此種恰到
好處。」

〔註249〕《臺灣日日新報》第 11014 號 4 版，昭和 5 年（1930）12 月 12 日。

陸沉空抱無窮恨，著述難期不朽名。

物色可能如素願，知詩婢似鄭康成。（一）

白髮漸從鏡裡看，人間不信有黃安。

夷由無忌侵書幌，風雨頻年入灌壇。

小惠市恩招怨易，大才忤俗立名難。

碧梧留待栖丹鳳，何用徘徊發浩嘆。（二）

健翮凌風到沇寥，江河俯聽響瀟瀟。

遷流時序同泡幻，爭競雄心逐雪消。

作客每懷三徑菊，學書且種滿園蕉。

散材卻自慚樗櫟，未敢恩膏沐朝聖。（三）

詞賦還應泣鬼神，乾坤蒼莽一吟身。

經年僵蹇文情放，到處留題墨蹟新。

巢睫蟭螟閒裡誤，登場傀儡幻中眞。

只宜抽手旁觀好，免作奔波逐浪人。（四）

笑儂客中誕辰以詩索和次韻祝之〔註250〕

□關舊夢未迷離，家學依然凜四知。

舉世瘖瘏惟自任，名山著述更相期。

出蛇徙柳皆能事，泣鬼驚神絕妙詩。

一紙魚書遙寄我，開函快讀展雙眉。（一）

江干鷗鷺總無猜，吟侶相將集嘯臺。

双壽未曾逢驛使，長途無分晉□杯。

花樽茗盌微香發，火棗交梨二妙賅。

預約明年重祝嘏，故鄉好備綺筵開。（二）

春草〔註251〕

馬蹄纔沒映征鞍，淡綠分明似綺紈。

我每停鞭時一望，萋萋最愛繞江干。

望海樓遠眺〔註252〕

〔註250〕《臺灣日日新報》第 11025 號 8 版，昭和 5 年（1930）12 月 23 日。

〔註251〕《詩報》昭和 6 年（1931）3 月 16 日，8 號頁 7，得第左四右廿三。鹿港大
　　　　冶吟社，左詞宗吳小魯、右詞宗郭克明。

一望煙波闊，登樓有所思。困龍猶躍浪，飛鷁已愆期。
積恨同滄海，豪吟近水湄。只防津吏笑，征稅不征詩。

夜雨〔註253〕

好風吹汝到茅齋，今日重逢興倍佳。
一任新霜澆兩鬢，西窗剪燭稱心懷。

贈久保天隨先生〔註254〕

積想不可極，覯面慰渴飢。何況文字交，企慕曷已時。
登臨集吟侶，東風不瑕疵。山花笑向人，垂楊纏成絲。
一路好風光，車行莫嫌遲。黃鶯如喚客，即景各哦詩。
櫻笋供山廚，我亦快朵頤。平生酒量淺，飲不及一巵。
敬爲先生壽，薄醉又奚辭。

春山閒步〔註255〕

竹杖芒鞋緣不慳，峰巒踏破霎時間。
留題何管山靈笑，且喜塵愁一切刪。

待花〔註256〕

夜來酥雨長萌芽，破萼如何靳此花。
不用催開鳴羯鼓，倚闌徐俟夕陽斜。

雲衣〔註257〕

不似天孫織錦裳，臨風舒卷白於霜。
短長領袖誰裁剪，虹尺還須一較量。

仁義莫交財〔註258〕

〔註252〕《詩報》昭和6年（1931）4月2日，9號頁10，右十左避。大冶吟社十週
　　　　年紀念擊缽錄，左詞宗施梅樵、右詞宗黃溥造。
〔註253〕《詩報》昭和6年（1931）4月15日，10號頁8，右元左避。彰化卦山吟社，
　　　　左詞宗施梅樵、右詞宗郭克明。
〔註254〕《臺灣日日新報》第11148號8版，昭和6年（1931）4月27日。刊於詩壇。
　　　　詩後原註：「潤菴先生有約不來，賦此寄意。」
　　　　又收錄於《詩報》昭和6年5月15日，12號頁14，題作〈贈久保天隨先生〉。
〔註255〕《詩報》昭和6年（1931）5月15日，12號頁14。彰化唱和集（一）。
〔註256〕《詩報》昭和6年（1931）6月1日，13號頁13。彰化唱和集（二）。
〔註257〕《詩報》昭和6年（1931）7月1日，15號頁10，右三左避。彰化小集，左
　　　　詞宗施梅樵、右詞宗周石輝。

忘卻前盟失久要，翻雲覆雨不崇朝。

通財畢竟成仇怨，漫向豪門一折腰。

笑儂舉次男以詩索和次韻寄賀〔註259〕

清秋桂樹又添枝，誌喜吟成絕妙詞。

寄我好音歡喜極，匆匆錯寫弄章詩。（一）

喜耳欣聞雛鳳聲，定知性質本聰明。

佳兒早有充閭兆，扶善蒼天意至誠。（二）

次笑儂秋日遣興韻〔註260〕

我懷殊落落，人事總茫茫。髮已盈頭白，花偏著眼黃。

題糕循節例，把酒話家常。筆墨生涯薄，商量學種桑。（一）

言情詩易就，散悶酒頻斟。尚有英豪氣，而無塵俗心。

挑燈搜野史，欹枕聽村砧。只合□鹽老，淡中味可尋。（二）

次黃玄中先生退休詩韻〔註261〕

難得知幾能養退，八年吏治告功成。

不貪利祿惟思隱，偏愛歌吟且課耕。

鄙吝復萌懷叔度，神仙有術羨初平。

優遊領略閒中趣，何必丹邱好養生。（一）

環觀人海幾風波，欲濟無舟可奈何。

退步羨君償願早，傷時惹我斷腸多。

前遊歷歷同携酒，後顧茫茫且放歌。

一別三年勞夢想，重逢豫約在春和。（二）

秋砧〔註262〕

杵聲斷續日將晡，水色苔痕似有無。

〔註258〕《詩報》昭和6年（1931）9月1日，19號頁10，詞宗擬作。華僑同鄉吟社，
　　　　左詞宗施梅樵、右詞宗蔡子昭。

〔註259〕《臺灣日日新報》第11314號8版，昭和6年（1931）10月11日。「章」，
　　　　一般作「璋」。

〔註260〕《臺灣日日新報》第11346號8版，昭和6年（1931）11月12日。楊笑儂
　　　　〈秋日遣興〉見同版。

〔註261〕《臺灣日日新報》第11349號8版，昭和6年（1931）11月15日。

〔註262〕《詩報》昭和6年（1931）11月15日，24號頁11，得第右一。彰化聯吟會
　　　　擊缽錄，左詞宗邱石莊、右詞宗施炳揚。

搗盡塵衫雙淚落，更教餘響動栖烏。

行楷七言聯〔註263〕

嚼雪餐氈憐白髮／服勞持節見丹心

南瑤宮題記〔註264〕

小舟如雁許，穩穩下波心。蓑笠幾風雨，江山無古今。

清歌鳴短棹，紅葉滿疎林。一醉不知世，前村月未沈。（一）

昔聞李供車，長嘯獨登樓。此地一垂範，高名百代留。

白雲海□曙，明月天門秋。□□重□北，潺潺濟水流。（二）

壽楊煥彩翁六秩〔註265〕

位不羨萬戶侯，祿不慕萬鐘粟。人生處世惟適情，何用名場利藪相
徵逐。近今習尚事鑽營，計買良田築華屋。侍奉有妻妾，役使多婢
僕。一食費萬錢，入口厭粱〔註266〕肉。慾壑千丈總難填，舞榭歌臺
悅耳目。若輩恣意覓歡娛，畢竟心懷未免俗。此翁恬淡本性天，詎
肯毫釐涉齷齪。得閒闢地且種花，庭隅多半栽桑菊。黃紅紫白及秋
開，雖不舉樽賞亦足。有時把筆寫丹青，虛心真如淇園竹。瓦硯銅
盤搜尋魏晉間，護惜珍藏有逾藍田玉。如斯嗜癖亦風雅，卻應壽命
不短促。餐英的是長生訣，及身幾見變陵谷。老境同於啖蔗佳，一
笑弄孫容可掬。四知祖澤正綿延，宜乎有子書能讀。方茲舉世盡疽
癰，補救情深恐不速。餘事講求及詞章，淡蕩差近蘇玉局。純孝博
得親心歡，清才有光乎宗族。楊翁楊翁汝何修，坐享人間此清福。
花甲稱觴宴嘉賓，合喚**双**成來奏霓裳羽衣曲。送酒知有白衣人，隔
簾遙聞氣芬馥。借取香醪一巨觥，登堂為翁期頤祝。

〔註263〕見《臺灣早期書畫專輯》頁161三幅行楷。南投：國史館臺灣文獻館，2003
　　　　年12月。132*32公分*2。款文：「梅樵」。鈐印：白文「錢江二十九世秀才」，
　　　　朱文「梅樵六十二歲以後所書」。涂勝本先生藏。按：梅樵62歲時在昭和6
　　　　年（1931）。

〔註264〕此二碑現存於彰化市縣定古蹟南瑤宮三川殿龍邊石窗正面左右兩側立面牆
　　　　上。二作皆署名「梅樵」。款文：「昭和六年歲次辛未梅月吉旦」、「豐原郡潭
　　　　子庄甘蔗崙林來成敬獻」。2009年2月21日。

〔註265〕《臺灣日日新報》第11407號8版，昭和7年（1932）1月13日。

〔註266〕「粱」，原誤作「梁」，今改。

獨鶴〔註267〕

　　高飛何似羨□翩，隻□從容下九天。

　　伴得梅花非寂寞，寒宵共對月娟□。

途上口占〔註268〕

　　滿天微明過□藝，作客休憩□□□。

　　收拾江山入詩□，歸時付□故人□。

詩債〔註269〕

　　不似行沽可貰袍，年來卻悔厠風騷。

　　頻聞剝啄求題詠，累我推敲首幾搔。（一）

　　閉門索句未爲勞，不見登堂且怒號。

　　欲避可憐無處避，築臺應築入雲高。（二）

　　吟詠休云興致豪，丹鉛從事總勞勞。

　　那堪撩草空貽笑，催索頻頻任爾曹。（三）

題黃君則騫墓〔註270〕

　　人壽不百年，動計及千秋。經營敢辭勞，且爲子孫謀。

　　黃金藏萬鎰，良田供歲收。錦衣而玉食，俯仰足優游。

　　年華如逝水，少壯易白頭。生存居華屋，寂寞歸山丘。

　　方知此身世，倏忽等蜉蝣。丈夫貴立名，身後何所求。

家緝亭茂才將歸潯海以詩留別因次瑤韻〔註271〕

　　七字新詩妙寫情，詞華才藻令人驚。

　　豪懷到老終難減，大道而今莫可行。

　　琴劍風塵能本色，舟車水路又兼程。

　　鄉心每逐春潮湧，去去來來觸處生。（一）

〔註267〕《臺南新報》昭和7年1月29日，10789期頁8。刊於詩壇。依先韻。東墩
　　　　吟社三週年紀念，右詞宗玉書、左詞宗了庵。

〔註268〕《臺灣日日新報》第11467號8版，昭和7年（1932）3月13日。「途」，原
　　　　誤作「塗」，今改。

〔註269〕《詩報》昭和7年（1932）4月15日，33號頁8，分別得第左三、左五、右
　　　　六左十六。興賢吟社春季吟會。

〔註270〕《詩報》昭和7年（1932）5月15日，35號頁3。

〔註271〕《詩報》昭和7年（1932）7月1日，38號頁3。

無能斬棘與鋤榛，頑梗終成異域民。

卻笑忌醫偏諱疾，誰知止沸合抽薪。

往來猿鶴忘機久，錦繡河山入夢頻。

底事珠崖甘棄擲，一番回憶一傷神。（二）

人事無常是合離，相逢畢竟不多時。

曾經浩劫鬖眉老，始悔閒居歲月移。

淺量憐余偏畏酒，清才羨子更能詩。

微吟笑擁群花坐，適興何妨似醉癡。（三）

十年帆影斷沖西，古渡人稀海鶴栖。

拍岸浪花呈激灩，接天雲樹望低迷。

壓裝儘有傷時句，堊壁還多舊日題。

知否旅亭分手後，無言淚下濕香泥。（四）

壬申敕題集序〔註272〕

昔劉越石與祖士雅，中夜聞雞起舞，曰：「此非惡聲！」又曰：「恐祖生先我著鞭。」宋處宗得長鳴雞，與之講談而文思大進。古人之得力於雞鳴者，正自不少。他若錦衾相勗，戒旦竟弋雁鳧。暮夜忽鳴占象，早驚戎馬。膈膈膊膊，振翼有聲。喔喔嘐嘐，示威得勢。是以孟嘗度關，燕丹脫險，未始非藉雞聲之助也。方今世界黑暗，人人皆在醉夢之中，覺醒殊非易易。

壬申元旦，御敕題為曉雞聲，蓋取喚醒大夢之義。俾臣庶早覺悟，奮然興起。莊君櫻癡素工吟詠，爰以此題，廣徵海內外騷客，多惠珠玉，而寄稿者日益夥。茲者更欲付諸梨棗，印成善本，以垂永遠。函索余序。余與莊君雖未謀面，而其生平慷慨好義，為詞林中不可多覯之人物。欲以此集，作鳴鳳朝陽之佳兆。倘藉此聲，感化舉國臣民，奮發精神，使東方長慶昇平。是則余所默禱焉云爾。

題施母葉太淑人墓石〔註273〕

懿訓垂青史，千秋尚凜然。年高慈愛偏，德大子孫賢。

手撒人間世，魂歸物外天。名山正盧左，佳壤得牛眠。

〔註272〕《詩報》昭和7年（1932）11月1日，46號頁5。
〔註273〕《詩報》昭和7年（1932）11月15日，47號頁2。

次岩田鶯崖翁七十自壽韻兼述鄙懷〔註274〕

劫餘久分作閒人，高臥加餐養性眞。
千里寄詩勝珠玉，一時傳誦遍鄉鄰。
忘情名利差同佛，得意詞章自有神。
閱歷愈深才愈放，老天默相此吟身。（一）

臨水登山興靡涯，乾坤到處是吾家。
人情鬼蜮千般巧，世事枰棋一著差。
窖粟卻防來碩鼠，種蕉正擬學塗鴉。
鏡中已覺皤皤鬢，恐被風吹帽影斜。（二）

吾生得失付悠悠，畏事曾嗤喘月牛。
墨跡橋頭半磨滅，酒痕襟上幾春秋。
撫今思昔空增感，薄俗澆風每縈憂。
自信孤高成習慣，虀鹽送老不須求。（三）

心血閒拋轉自憐，文魔詩債苦年年。
著書慣看三更月，烹茗常留半榻煙。
慷慨終成貧士累，解推肯讓古人賢。
養生妙訣惟安命，偶寫情懷入短篇。（四）

阻隔關河各一方，側身東望每彷徉。
定知壽宇來多士，遙見文星耀太陽。
清福能消原可貴，苦吟到老不爲忙。
期頤我約登堂祝，飽看櫻花入帝鄉。（五）

鳴劍齋詩集序〔註275〕

人世無百年不壞之身，古今有千秋不朽之業。匪必公侯卿相，建樹

〔註274〕《臺灣日日新報》第 11713 號 8 版，昭和 7 年（1932）11 月 16 日。詩後附
　　　　潤庵漫評曰：「壽詩本難。況爲次韵七律。多至五首。所貴乎至寫襟期。庶不
　　　　著色相高作佳聯極多。享鶯崖翁讀之。當快浮三大白也。」又見於《詩報》
　　　　昭和 7 年（1932）12 月 1 日，48 號頁 3。
〔註275〕本序完成時間，據文末署期爲：癸酉仲春。按：癸酉仲春，昭和 8 年（1933）
　　　　2 月。《鳴劍齋詩集》，梅樵摯友許劍漁著，生前並未能付梓出版，其子許幼
　　　　漁嘗計畫出版，亦未果。至其孫許常安方將父祖詩集合刊。本文即收錄在許
　　　　劍漁、許幼漁合著、許常安編輯《鳴劍齋遺草》頁 10，高雄：大友書局，民
　　　　國 49 年（1960）9 月 13 日。

奇勳也。匪必戰死沙場，馬革裹屍也。間有草茅下士，生不逢辰，憤時嫉俗，發爲歌詠，或登山臨水，即景遣懷，長篇短句，流播人間，後之人讀其詩，如見其人焉。吾友許君劍漁，其殆此歟！

劍漁具超軼之才，有神仙之品。及冠舉秀才，遂不以科舉關懷，求工制藝，日惟浸淫風雅，與古爲徒。逢花辰月夕，酌酒賦詩，洩胸中不平之氣。旁觀者鮮不以爲如醉如癡也。而不知劍漁之心獨苦矣！劍漁睹滄桑之變局，感人事之推移，且悲雁行零落，，抑鬱成病，竟至不起。時年三十有五。

劍漁曾贈余句云：「顧我埋憂無土地，羨君藉助有江山。」余輓劍漁句云：「白璧無暇終寶世，黃泉有地好埋憂。」劍漁之詩悲壯淋漓，激昂慷慨，非俗手可望其肩背。平生著作頗多，有鳴劍齋、聽花山房諸集。歿後，聽花山房一集，將近八百首，被人竊去，易名刊載某詩話，僅留鳴劍齋一卷，詩不甚多，且係少年所作。使後之學者，未得窺其全豹。吁！可慨矣〔註276〕！

哲嗣幼漁，爲醫界名手，耽吟詠，有乃父風，近袖其遺稿，委余酌訂，並囑余序，欲付之手民。余與劍漁生同庚，居同里，旦夕相過從，深喜幼漁之孝，不忍先人手澤湮沒不彰，差可慰九泉之素願焉。爰舉筆而爲之序。

癸酉仲春梅樵作於彰垣旅寓

詩幟〔註277〕

壇貼稱雄信不誣，聲名豈僅囿方隅。
一竿獨樹非誇誕，千古相承莫覷覦。
爭奪有人歸捷足，高寒無力惜孱軀。
臨風飄颺齊翹望，倒影瑤階日欲晡。

空軍〔註278〕

雲羅布列有餘膗，寥廓驚看作戰場。

〔註276〕「矣」，原誤作「巳」，今改。
〔註277〕《詩報》昭和8年（1933）4月1日，56號頁8，得第右十左避。興賢吟社十週年紀念會，左詞宗施梅樵、右詞宗王竹修。
〔註278〕《詩報》昭和8年（1933）4月15日，57號頁8，得第右八左十。興賢吟社十週年紀念會，左詞宗施性湍、右詞宗郭涵光。

合借天河來洗甲，免教敵血染攙搶。

張盧山先生弔辭〔註279〕

癸酉年古曆二月十二日爲故詩人張盧山先生出殯之期，舉行別式。
梅樵素與　先生締文字交，爰致詞於靈前曰：

人類不能有生而無死，彭殤之壽殀，皆定之自天，非關之所爲之善
惡也。以　先生素行謹守，宜乎享大年，受人間富貴。若胡爲値滄
桑世變，而抑爵以終耶？巳巳十一月余六十初度，壬申十二月余爲
豚兒完娶兩開詩會，　先生均臨席不憚其煩，可知筆墨深情有逾骨
肉也。　先生寡言笑，接物和平，於提倡漢學尤不辭勞萃。本年春
屏東開全島詩會，　先生亦忘數百里之遙而慨然一行。時余同寓客
舍，得以晨夕傾談。二月初三日，員林舉行文昌帝君祭典，諸吟友
柬招及余。時聞　先生抱病竟不得見。越三日遂接　先生凶耗，
詎知屏東分手之時，即爲永訣時耶！嗚呼痛哉！從茲幽明殊途。招
魂何處？他日倘過墓門而瓣香致敬，應下千行之老淚焉爾！

李少菴壽詩集序〔註280〕

物必投其所好，而後情易爲之感動，匪特縞紵之投報爲然也。李君
少菴與余神交數年，屢寄詩相示。去歲四十初度自壽，有詩遍向海
內外騷人索和。余不揣固陋，亦效讚焉。今歲仲夏余作客稻江，偕
友過訪於雲山曉翠樓。少菴一見如故，惟意欲留。談詩終日，毫無
倦容，並出其近作數十篇其相質。余誦其〈登臨即事〉諸什，清眞
奇峭，兼擅所長，洵近今之一作家也。

少菴世居鷺江，六歲隨侍其尊翁李炳福先生渡臺，遂家稻江。先生
抱濟世之才，宏胞與之量，久爲時流所信賴。得以醫術起家。少菴
能讀父書，又工章句，不屑隨波逐流，效末俗之互相標榜。日惟追
蹤古人，有精益求精之想。且與江蘇社諸君子締千里之筆墨緣，胸
次爲之虞開拓詩境，漸臻純粹。是以壽書一出，大爲讀者擊節叩之
者實繁。有徒藉非學養兼到何其感人若此之速耶！夫居繁華之地，
處富饒之境，而物欲不動其心，聲色不搖其志，惟知浸淫風雅，茹
古涵今，此尤人所難能者也。使少菴得見用於時，本其慈祥愷惻之

〔註279〕《詩報》昭和8年（1933）5月1日，58號頁4。
〔註280〕《詩報》昭和8年（1933）8月1日，64號頁3。

懷，以濟飢寒疾苦之輩，將見仁壽同登，家絃戶誦，庶幾賡歌颺拜
之風，或再見於今日也。豈獨篇什之可傳於後世已哉。茲者壽詩成
集，欲付剞劂，爰記數言爲少菴壽。

鐵砧山房雅集〔註281〕

幽居風景異尋常，爲愛藏書築草堂。
名士一時欣聚會，壽星五夜吐光芒。
避囂地比桃源好，讌客杯餘竹葉香。
博得山靈開笑靨，賓朋頷手頌高陽。

壽林湜卿先生七秩〔註282〕

論交二十年，老漸傷契闊。此日重相見，秋霜遍鬢髮。
袖中有新詩，許我一披閱。敘事與言情，詞筆殊超脫。
先生素忘機，胸懷自曠達。有錢且行沽，聊以解喉渴。
醉來或狂飲，短章洵妙絕。詼諧同曼倩，滿座爲怡悅。
膝下多兒孫，卻免計生活。了無內顧憂，精神尚煥發。
已屆杖國期，健步不顛蹶。及茲啓壽筵，佳辰逢五月。
榴花映霞杯，香醪紅似血。吟朋獻詩歌，陽春又白雪。
臨風賦一篇，爲翁祝耄耋。

輓蕭如松詞兄〔註283〕

劫餘朋輩散如烟，屈指論交四十年。
生不逢辰從白髮，死猶有子慰黃泉。
耽吟到老翻成趣。多病經春似悟禪。
世味飽嘗知冷煖。一時撒手別人天。

溪月〔註284〕

銀蟾耿耿水迢迢，鷗夢安閒夜寂寥。

〔註281〕《詩報》昭和8年（1933）8月1日，64號頁8，得第右八。鐵砧山房，左
　　　　詞宗施梅樵、右詞宗林仲衡。
〔註282〕《詩報》昭和8年（1933）8月1日，64號頁12。
〔註283〕《詩報》昭和8年（1933）8月1日，64號頁12。
〔註284〕《詩報》昭和8年（1933）9月15日，67號頁6，得第右四左避。癸酉年全島
　　　　聯吟大會第二日首唱擊缽錄，左詞宗施梅樵、右詞宗蔡子昭。（二）收在《擊缽
　　　　吟擷粹》，轉錄自林文龍〈鹿港詩人施梅樵〉頁82，《臺灣風物》26卷4期，1976
　　　　年12月31日。以其題目相同，茲並列。

皓魄光搖孤岸柳，清流聲接大江潮。

扁舟載酒臨前浦，過客尋詩傍短橋。

好是打魚人不寐，蘆花深處度良宵。（一）

武陵溪水響迢迢，明鏡高懸夜氣饒。

浩浩難淘今古色，溶溶不逐去來潮。

一輪皓魄沈波白，十里清流映柳嬌。

廿四橋邊風靜後，停筇我願學吹簫。（二）

雪滄吟友五十自壽有詩索和次韻酬之〔註285〕

鏡中短髮亂於絲，心事艱難劫後棋。

錦繡江山遭蠹蝕，誓盟車笠起狐疑。

腰無萬貫貧如故，口合三緘老始知。

未減平生飛動意，蓬蒿滿徑苦哦詩。（一）

坐擁書城對古人，遣情時買玉壺春。

海桑變換憂常集，骨肉暌離老更親。

自有蓼苓能療病，從無文字可醫貧。

撫今思昔頻興感，士女冠裳又一新。（二）

地陷天傾抱杞憂，由來管見愧名流。

風塵自笑同奔馬，暮夜誰憐尚飯牛。

造物忌才淪浩劫，故園殘葉戰深秋。

青衫多少遺民淚，何僅傷時雪滿頭。（三）

頓覺浮生夢一場，如君來日喜方長。

得天獨厚宜栽桂，餘地猶寬好種桑。

酒泛紅螺杯有色，詩吟黃菊句尤香。

懸弧百歲今纔半，我欲登堂晉巨觴。（四）

聞笛〔註286〕

豈獨桓伊動賞音，月明吹散滿空林。

聲聲鳴咽何堪聽，重過山陽倍愴心。（一）

〔註285〕《詩報》昭和8年（1933）11月1日，69號頁3。詩藪。

〔註286〕《詩報》昭和8年（1933）11月1日，69號頁7。興賢吟社秋季吟會，左詞
　　　　宗施梅樵、右詞宗鏡軒。分別得第右一左避、右二左避。又見於《臺南新報》
　　　　昭和9年（1934）1月19日，11504期頁8。

誰吹清韻出墻陰，折柳聲聲動客心。

猶憶睢陽城受困，一時入耳苦難禁。（二）

食筍〔註287〕

山廚供客不爲難，刈取櫻芽佐午餐。

卻比菜根滋味好，免貽苜蓿誚登盤。

夏木〔註288〕

千章翁鬱傍巖阿，涼意分明此處多。

大庇何須資廣廈，行看避暑好婆娑。

秋日登八卦山雜詠〔註289〕

山前山後路迂迴，直到名山絕頂來。

紅日一丸青十里，西風吹遍野花開。（一）

草亭坐看暮雲生，歸雁遙天一字橫。

點綴風光如話本，渾忘身在畫中行。（二）

秋色蒼茫接大荒，海天俯視水汪洋。

未酬破浪乘風願，老大頭顱轉自傷。（三）

剪除荊棘闢蠶叢，蜀道艱難瞬息通。

已覺當前成妙境，方知人力勝天工。（四）

誰向山巔結數椽，鑿池正好蓄溫泉。

遊人如蟻紛紛集，蕩滌塵心快似仙。（五）

次第樓臺入眼明，登高此日喜天晴。

蟹螯杯酒過佳節，歌嘯尤堪藉遣情。（六）

年年九日多風雨，忽覯晴光愜素懷。

何必茱萸爭插鬢，詩人清興本來佳。（七）

合賦長篇紀勝遊，菊花開不負三秋。

從茲更與山靈約，去去來來得自由。（八）

〔註287〕《詩報》昭和 8 年（1933）11 月 1 日，69 號頁 10，得第右五。大冶吟社擊
缽吟例會，左詞宗施梅樵、右詞宗莊太岳。

〔註288〕《詩報》昭和 8 年（1933）11 月 1 日，69 號頁 2。又收錄在曾笑雲《東寧擊
缽吟前集》頁 202。

〔註289〕《詩報》昭和 8 年（1933）11 月 15 日，70 號頁 3。

待菊〔註290〕

　準擬籬邊共舉觴，黃花偏不放重陽。

　借將羯鼓催開日，省卻環觀客斷腸。（一）

　朝來即便到柴桑，坐向東籬到夕陽。

　不料黃花偏靳我，秋深又累幾回忙。（二）

　卻拚載酒賞秋光，那鮮黃花放未嘗。

　忽聽園丁頻報道，開時歲歲值重陽。（三）

行腳僧〔註291〕

　竹杖芒鞋自在遊，梵林別後歷春秋。

　腳跟久已環三島，眼界真成隘九州。

　何必隨身經卷富，不同糊口稻梁謀。

　大千世界無遮礙，一例行雲任去留。（一）

　閒雲野鶴總相伴，去去來來得自由。

　未慣跏趺終日坐，只應杖履歷年遊。

　胸無芥蒂惟呼佛，跡遍垓埏合賜鳩。

　奚用參禪長面壁，人間處處有丹丘。（二）

鐵砧山懷古〔註292〕

　霸氣銷沉可奈何，荒祠〔註293〕一望□烟蘿。

　我登絕巘增惆悵，瘖井空餘涕淚多。

漁村〔註294〕

　卻從蟹舍判東西，淺水蘆花望未迷。

　環坐中庭爭結網，釣竿兒女總能攜。（一）

〔註290〕《詩報》昭和 8 年（1933）11 月 15 日，70 號頁 6，得第左八、左九、左十。
　　　　東敦吟社擊缽錄，左詞宗王竹修、右詞宗張笏山。

〔註291〕《詩報》昭和 8 年（1933）12 月 1 日，71 號頁 6，得第右一、右二。東敦吟
　　　　社擊缽吟，左詞宗施梅樵、右詞宗王了庵。（一）又收在《東寧擊缽吟後集》
　　　　頁 189、賴子清《臺海詩珠》頁 207。

〔註292〕《詩報》昭和 8 年（1933）12 月 1 日，71 號頁 13，得第右十二左避。大甲
　　　　衡社秋季擊缽聯吟大會，左詞宗施梅樵、右詞宗王了庵。

〔註293〕「祠」，原誤作「詞」，今改。

〔註294〕《詩報》昭和 8 年（1933）12 月 15 日，72 號頁 10，分別得第左八右二四、
　　　　右十二。大甲衡社秋季擊缽聯吟大會，左詞宗朱啓南、右詞宗曾笑雲。

蟹鱖魚罾入眼迷，茅茨千戶渭河西。
年來市稅多增累，結網還須促老妻。（二）

春寒〔註295〕

群山匿影雪漫空，不見朝曦入泮宮。
天釀凍雲花未放，人沽濁酒火初紅。
薄衾驚散還家蝶，遠道愁驅過客驄。
癡望晴和生暖氣，坐看燕子舞簾櫳。

祝花朝〔註296〕

祝酒賓朋宜永夕，妬花風雨又連朝。

五通宮大殿楹聯〔註297〕

赫聲濯靈端合朝廷隆祀典／扶危救難許多士女沐神恩

五通宮楹聯

惟正直爲神此地猶存廟宇／有功德於世及今尚薦馨香

五通宮三川殿楹聯

具飢溺猶己之懷浔名垂萬古／體天地好生之德宜廟食千秋

對酒〔註298〕

不飲頻教世俗嗤，偶然豪飲便驚奇。
誰知酒味輸詩味，爭說斯時勝昔時。
鏡裡酡顏忘我老，杯中餘滴屬民脂。
禦寒差免無衣嘆，傾盡壺觴一展眉。（一）

呼僮去貰鷫鸘裘，肯讓劉伶占首籌。
澆憤且邀鄰舍叟，解嘲詎博醉鄉侯。
無情日月垂垂老，失色山河莽莽愁。
傀儡只堪供唾涕，把樽坐看水東流。（二）

〔註295〕《瀛洲詩集》頁34。昭和8年（1933）。
〔註296〕原註：「詩畸」、「碎錦格」。《瀛洲詩集》頁67。昭和8年（1933）。
〔註297〕據今殿內龍邊牆上〈五通宮通古碑記〉記載：該宮重建於民國19年（1930），費時4年竣工。因序列於昭和8年（1933）。以下二聯相同。五通宮位於今彰化縣大村鄉新興村。
〔註298〕《詩報》昭和9年（1934）1月15日，74號頁4。刊於詩藪。又載《詩報》76號頁3。

種竹〔註299〕

淇園分植日將沉，轉瞬成林布綠陰。

我似王郎將厭俗，縱無食肉也甘心。（一）

千竿分插亦勞心，日日滋培護惜深。

知汝凌霄原有志，還祈蒼翠易成林。（二）

海水浴〔註300〕

海天一望思悠悠，游泳分明得自由。

我自腳根時立定，管他水勢盡東流。（一）

卻愧隨波與逐流，狂瀾欲挽閱春秋。

塵襟蕩滌無餘累，何但能消離別愁。（二）

濯足休誇萬里流，此身今喜到滄州。

形骸放浪無拘束，浩淼烟泊姿泳淤。（三）

秋風忽已佳〔註301〕

秋風忽已佳，我書亦可讀。怡然展青緗，古色媚幽獨。

山靈蟬自語，雨過松如沐。一往懷古情，儻蕩亦可掬。

執卷就螢照，相將入深竹。

喜香圃至〔註302〕

寒夜忽叩關，相見慰遐想。坐定烹龍團，仔細話疇曩。

吟侶漸凋零，生存惟三兩。倘或續舊遊，難免增惆悵。

憶我十年前，見詩輒技痒。到處每酬和，倖邀知音賞。

今老氣衰歇，覓句心怏怏。如琴久失彈，手生不成響？

〔註299〕《詩報》昭和9年（1934）1月14日，74號頁14，分別得第右一左避、左六。爲榕社一週年紀念擊缽錄，左詞宗施梅樵、右詞宗張玉書。（一）又收錄於曾笑雲《東寧擊缽吟前集》頁290。臺北市，昭和9年（1934）3月。

〔註300〕《詩報》昭和9年（1934）1月15日，75號頁10。分別得第左三右十八、左五、右十五左十八。榕社一週年紀念會次唱，左詞宗施梅樵、右詞宗張玉書。

〔註301〕施梅樵行書中堂，末題款：「甲戌孟春」。按：甲戌乃昭和9年（1934）。見彰化縣文化局「線上典藏數位系統」：http://art.bocach.gov.tw/ suggest/index5.asp?id=697。原無題，爲便於稱引，由編者代擬標題。

〔註302〕《詩報》昭和9年（1934）3月1日，76號頁3。刊於詩壇。

石華遊岱江與諸吟侶唱和依韻感作〔註303〕

滌盡胸懷萬斛塵，好溪山處合羈身。

主賓酬應才相敵，筆墨交遊誼倍親。

玉局泥人姑說鬼，金錢魔力可通神。

只憑道義時行樂，世味逾於芥葉辛。

秋懷〔註304〕

牧馬西郊草未荒，搗衣處處暮砧忙。

天涯獨客增鄉思，望遠樓頭倚夕陽。（一）

月明映遍院東廂，只著羅衣不耐涼。

囊取流螢三五點，好留照讀贈檀郎。（二）

蓼紅蘆白菊初黃，聽慣西風不憶鄉。

破敵雄心終未死，短衣匹馬到沙場。（三）

蓴鱸鄉味每難忘，張翰思歸惹斷腸。

我亦飄零同落葉，那堪兩鬢已微霜。（四）

和王清淵先生五十書懷原韻四首〔註305〕

賃春居廡幾經春，閱世深知命不辰。

鳥篆蟲文成賤物，牛溲馬勃當奇珍。

場中丑帖終無用，轅下辛勞孰與親。

忿垢人間愁觸目，爭云花樣合翻新。（一）

壁間無復化韻梭，馳騁時防一跌跎。

始信探驪如願少，得交屠狗報恩多。

生無媚骨傷寥落，老尚雄心耐折磨。

準擬買山栖息好，剷苓餘暇研煙蘿。（二）

菊殘猶戀故園秋，生性陶潛共一流。

末世人多淪浩劫，老年事半省閒愁。

虛名久已甘拋棄，樂趣知堪任取求。

願學向平拂衣去，直登五岳賦遨遊。（三）

〔註303〕《詩報》昭和9年（1934）3月1日，76號頁3。刊於詩壇。
〔註304〕《詩報》昭和9年（1934）3月1日，76號頁6。榕社歡迎梅樵先生擊缽吟錄，左詞宗施梅樵、右詞宗陳芸邨，此為詞宗擬作。
〔註305〕《詩報》昭和9年（1934）3月1日，76號頁16。刊於詩壇。

－462－

久別渾忘歲序遷，鰲峰重遇一欣然。
稱觥饒有倫常樂，覆瓿漸無著作傳。
飽歷風霜松柏老，叢生階砌挂蘭妍。
林泉他日應虛左，與子長聯水石緣。（四）

東山觀海〔註306〕

著將謝屐偶尋春，何用巡簷索笑頻。
不讓孤山誇特色，好教二樹寫前身。
苦吟莫怪肩同瘦，清賞偏憐意率真。
合號梅村高隱處，一生香夢羨詩人。

春煙〔註307〕

紅日初升曉氣溫，庭前忽失護花旛。
卻疑鄰舍晨炊候，縷縷無端鎖蓽門。

祝林石峰君新婚〔註308〕

得憑紅葉締良姻，佳句猶傳韓翠蘋。
試問催粧詞幾許，乘龍夫婿是詩人。

雨意〔註309〕

浪花驟拍海門粗，瑟瑟腥風日欲晡。
一片濕雲行不盡，備將蓑笠上征途。

牧羊圖〔註310〕

丹青歷久色模糊，嚼雪餐氈貌已癯。
猶有千秋臣節在，詎甘屈膝事匈奴。

旗山晚眺〔註311〕

巨鰲中斷水之涯，撲地閭閻夕景佳。

〔註306〕《詩報》昭和9年（1934）3月15日，77號頁4。得第右三左避。東山擊缽
　　　　吟，左詞宗施梅樵、右詞宗莊太岳。
〔註307〕《詩報》昭和9年（1934）3月15日，77號頁5，得第左四。東山擊缽吟，
　　　　左詞宗子敏、右詞宗仲衡。
〔註308〕《詩報》昭和9年（1934）3月15日，77號頁11。
〔註309〕曾笑雲《東寧擊缽吟前集》頁77。臺北市，昭和9年（1934）3月。
〔註310〕曾笑雲《東寧擊缽吟前集》頁86。
〔註311〕曾笑雲《東寧擊缽吟前集》頁96。

指點煙波明滅裡，澎湖髣髴望中排。

歌脣〔註312〕

菊部分明獨擅場，魚吹細浪韻悠揚。

聆音爲汝魂銷盡，點絳還嗤姊妹忙。

春晴〔註313〕

風月皆光霽，吟情倚暮霞。簾旌防捲蝶，庭樹看棲鴉。

秉燭人沽酒，扶筇客坐花。聽鶯明日約，好到四娘家。

岱江晚眺〔註314〕

澗草江花設色妍，凭闌極目水中天。

風迴遠浦三層浪，日照平沙一抹烟。

塡恨鳥無精衛繼，沉淵地與汨羅連。

臨流忽抱滄桑感，未許成梁石更鞭。

鹿江帆影〔註315〕

準擬高懸卸晚風，扁舟齊唱大江東。

餘光水面浮疑葉，遠映江心氣似虹。

定有蛟龍驚入穴，斷無鷗鷺藉騰空。

凭欄俯視隨波浪，描寫還須仗畫工。

墨池〔註316〕

一泓時覺濃烟起，任我濡毫得自由。

磨礪每勞松使者，好供把筆寫滄洲。（一）

筆戰文場有幾秋，分明恃此作鴻溝。

雲煙起處蛟龍舞，競說鍾王共一流。（二）

〔註312〕曾笑雲《東寧擊缽吟前集》頁225。

〔註313〕曾笑雲《東寧擊缽吟後集》頁260。

〔註314〕《詩報》昭和9年（1934）5月15日，81號頁3。刊於詩壇。

〔註315〕《詩報》昭和9年（1934）5月15日，81號頁10，得第左二右卅五。中部
聯吟大會春季擊缽吟首唱，左詞宗王了菴、右詞宗張玉書。

〔註316〕《詩報》昭和9年（1934）6月1日，82號頁14，得第右二、右八。員林興
賢吟社春季聯吟大會，左詞宗張玉書、右詞宗施讓甫。

周鴻濤至越宿即歸〔註317〕

竟日濛濛雨，何期此駐驂。歸途緣客北，近事記遊南。

坐定詩相質，情深酒不耽。却嫌經宿別，愁思滿江潭。

鐵峰詞兄五十壽辰詩以頌之〔註318〕

鐵砧山勢原巉屼，俯視諸山土一撮。

毓秀鍾靈千百年，誕生人物多超脱。

太岳後人依山居，煮石種雲延歲月。

偶然插腳在紅塵，初心何曾求聞達。

閒來補讀未焚書，山中自有黃金穴。

此間消受好風光，溪山景色洵奇絕。

猿鶴交游時詠歌，長句短章機活潑。

世外始信有丹丘，養生詎學神仙訣。

百年而今只及半，來日方長休咄咄。

歷劫鍊成不壞身，寒天松竹傲霜雪。

山堂設席宴吟朋，交梨火棗看羅列。

少微星映紫雲舒，克享遐齡先兆吉。

滿斟濁酒一巨觥，祝君壽命同金鐵。

鐵砧山房雅集〔註319〕

幽居風景異尋常，爲愛藏書築草堂。

名士一時欣聚會，壽星五夜吐光芒。

避囂地比桃源好，讌客杯餘竹葉香。

博得山靈開笑靨，賓朋額手頌高陽。（一）

山光環映讀書室，蒲正青時稻正長。

四座吟聲騷客聚，一壺春色綺筵香。

最難賓主東南美，如此安閒歲月長。

但願年年俱健在，不辭唱和爲詩忙。（二）

〔註317〕《臺灣日日新報》第12283號8版，昭和9年（1934）6月14日。刊於詩壇。

〔註318〕許天奎《鐵峰詩話》頁 14，收在《鐵峰山房唱和集》，臺中州：博文社印刷商會，昭和9年（1934）6月。

〔註319〕許天奎《擊缽吟錄》頁2、3，分別得第右八左避、右十四左避。收在《鐵峰山房唱和集》，臺中州：博文社印刷商會，昭和9年（1934）6月。

長命酒〔註320〕

> 忽聞佳釀恣鯨吞，典却貂裘覓一樽。
> 莫怪長生勞渴想，夜寒頻喚老妻溫。

基津歸途到汐止訪謝尊五先生〔註321〕

> 經旬浪跡倦思歸，問字車停一叩扉。
> 入夢曾傳春草句，出山猶染白雲衣。
> 交聯筆墨情逾摯，却歷滄桑願總違。
> 留取此身修野史，生涯冷淡悔前非。

席上賦示岱江白華諸彥〔註322〕

> 得陪吟讌晤群賢，猶是鶯花二月天。
> 回首前塵如隔世，重來客思總茫然。

祝文奎賢世講與韋詠絮女士結婚誌喜〔註323〕

> 軼事記藍橋，玄霜玉杵擣。
> 詩人成眷屬，更比神仙好。
> 合巹賦催粧，推敲忍草草。
> 嘉偶如梁孟，白頭祝偕老。

弔林維朝茂才〔註324〕

> 寥落青衫侶，滄桑浩劫餘。不期成死別，無計慰閒居。
> 汐社誰盟主，孤山有舊廬。唱酬佳句在，讀罷一欷歔。
> 文字成眞契，當年客玉峯。猶存薑桂性，得聚絮萍蹤。
> 酌酒花交臂，論詩竹在胸。即今思往事，愁恨集千重。

乾天隨博士〔註325〕

〔註320〕許天奎《擊缽吟錄》頁6，得第左十一右十三。收在《鐵峰山房唱和集》，臺中州：博文社印刷商會，昭和9年（1934）6月。

〔註321〕《臺灣日日新報》第12333號8版，昭和9年（1934）8月3日。刊於詩壇。

〔註322〕《詩報》昭和9年（1934）7月1日，84號頁3。

〔註323〕《詩報》昭和9年（1934）7月1日，84號頁10。

〔註324〕《詩報》昭和9年（1934）7月1日，84號頁15。林維朝，嘉義人。聯合新港文人組織「鷇音吟社」，致力延續漢文化。生於同治7年（1868），卒於昭和9年（1934），享年67歲。

〔註325〕《詩報》昭和9年（1934）7月1日，84號頁15。久保得二，號天隨，日本

久別已不堪，何況成永訣。故人凶耗至，我心憂百結。

論交三數年，文字情尤切。歲時相問訊，音書未斷絕。

即此見真摯，胸中無秦越。詎惟學深醇，詩品亦超脫。

登臨多題詠，句句嘔心血。平生苦吟哦，雙鬢白如雪。

著作已充棟，及身付剞劂。正喜時唱和，消受閒日月。

一朝遭鬼妒，無方求生活。累卻老慈親，肝腸寸寸裂。

興賢吟社百期詩集序〔註326〕

滿胸憂憤，虞卿何惜著書。到處謳歌，漸離有心擊筑。鳴蟬秋至而哀吟，流鶯春殘而訴怨。觀滄桑之變幻，借題發揮。感歲序之遷流，因物寄慨。登臨歌嘯，書今古離亂之懷。唱和朋儔，極聲氣應求之雅。江上題襟，猶傳軼事。蘭亭修禊，不負佳辰。笑奔走權貴之徒勞，思吟詠唱酬之有趣。致足樂也，非無謂焉。興賢吟社為前朝課士之堂，亦文人祭聖之地。衣冠薈萃，裙屐聯翩。誰料陵谷變遷，課程遂廢。春秋俎豆，祀典空存。遺老懷舊而傷悽，後人維新而爭競。世風日下，無力挽回。吾道就衰，存心補救。於是築壇樹幟，共振風騷。拈韻命題，且資月旦。花晨月夕，逢佳景而聯吟。雨晦風蕭，藉短篇以遣悶。情無分乎厚薄，位實忘夫主賓。刻燭敲詩，未許焚膏繼晷。鴻臚高唱，居然奪解掄元。慰情聊勝於無，作事差幸免俗。王楊盧駱，萃絕代之奇才。雅正清真，具超凡之逸品。詩已成乎百詠，功將進夫十年。付諸梨棗，為漢學放一線之光。傳及梓枌，知吾輩有千秋之業。

偕師樵春霖訪夢華〔註327〕

平生喜看山，山勢多起伏。偶而入山來，如得名畫讀。

信美此丹青，收容及猿鶴。中有能詩人，避囂結茅屋。

養晦經十年，寶藏獲金玉。風雨一嘯歌。袁安同高蹈。

登臨隨儔侶，力衰疲兩足。主人致殷勤，酒肴供慾壑。

　　歷史學家。生於（1875 年）7 月 23 日，卒於昭和 12 年（1937）（1937）6 月 1 日。「亦」原誤作「赤」，今改。

〔註326〕見《詩報》昭和 9 年（1934）7 月 15 日，85 號頁 8。後收錄於黃溥造編《興賢吟社百期詩集序》，員林：興賢吟社，昭和 12 年（1937）1 月。

〔註327〕《詩報》昭和 9 年（1934）8 月 1 日，86 號頁 10。

轉憶君先子，愴懷淚盈掬。（一）

山行愁絕路逶迤，少憩山腰落日時。

賈勇相隨登削壁，強吟到底不成時。（二）

次師樵韻 〔註328〕

結廬喜傍白雲隈，猿鶴多情且往來。

遯適終無塵俗累，狂歌豪飲興悠哉。（一）

寄託情懷深且遠，廬山面目幻耶眞。〔註329〕（二）

遊九份望遠詞兄留飲席上賦贈 〔註330〕

客中困雨喜新晴，又向名山試一行。

曲岸漸看青草茁，遙峰時見白雲生。

輀車直上天梯險，樽酒不忘地主情。

得續前遊聊自慰，最難猿鶴締深盟。

秋燈 〔註331〕

熒熒一穗照清吟，忽露東籬咫尺陰。

最是多情似明月，餘光分映搗衣砧。

怡園主人五十雙壽在座諸友依柏梁體各賦七言以祝 〔註332〕

雙星耿耿照衡崧。（永南）

欣看鳴鳳集高桐。（逸漁）

長青花木四時同。（讓甫）

山廚祝蝦獻秋崧。（梅樵）

窗開八面自玲瓏。（金福）……（餘略）

夏日北遊於桃園下車蒙諸先生邀飲席上賦呈 〔註333〕

得締新盟續舊歡，曳筇挾妓上吟壇。

〔註328〕《詩報》昭和9年（1934）8月1日，86號頁10。

〔註329〕原刊僅二句，有脫文。

〔註330〕《詩報》昭和9年（1934）8月15日，87號頁5。

〔註331〕《詩報》昭和9年（1934）10月1日，90號頁3，得第右五。怡社集蚨吟，左詞宗施梅樵、右詞宗傅鶴亭。

〔註332〕《詩報》昭和9年（1934）10月1日，90號頁3。

〔註333〕《詩報》昭和9年（1934）10月1日，90號頁9。

推敲防卻佳人笑，鯉尾猩唇恣飽餐。（一）

廿年重入武陵津，自愧蕭蕭鬢似銀。

猶幸故人皆健在，樽前談笑滌炎塵。（二）

次韻（江亢虎〈遊彰化喜晤施梅樵詞丈賦呈〉）〔註334〕

麗句清詞眾口傳，生花有筆紹前賢。

與君竟夕談揮塵，勝讀奇書過十年。

由桃園過大溪〔註335〕

廿里程途視等閒，車中飽看好溪山。

憑誰攜卻丹青筆，畫我詩人到此間。

宿大溪遇風感作〔註336〕

夜半西風發，高樓倚枕聽。乾坤方擺□，逆旅又零丁。

葉落蕭疎徑，蛩鳴長短亭。征人終不寢，醉夢一時醒。

重陽雨〔註337〕

不堪重九雨絲絲〔註338〕，有約登高去轉遲。

卻比打頭風更甚，空羣黃菊放東籬。（一）

天涯正值登高節，稅駕誰知有雨師。

泥濘長途行不得，故園賞菊亦愆期。（二）

謹次前列諸先生見贈瑤韻八首〔註339〕

野鶴閒雲任去來，重陽節近菊將開。

〔註334〕　《詩報》昭和9年（1934）10月1日，90號頁12。江亢虎詩作見該刊同頁。
　　　　梅樵另有〈於彰化溫泉呈江博士〉，江亢虎〈次韻〉。原載《臺灣日日新報》
　　　　昭和9年（1934）9月6日8版第12367號。梅樵詩收於《鹿江集》頁120。
〔註335〕　《南瀛新報》天籟吟社312期頁，昭和9年（1934）10月13日。
〔註336〕　《南瀛新報》天籟吟社312期頁，昭和9年（1934）10月13日。
〔註337〕　《詩報》昭和9年（1934）11月1日，92號頁16，分得第右二左避、右三
　　　　左避。奎山吟社擊缽，左詞宗施梅樵、右詞宗李石鯨。
〔註338〕　「絲絲」，原誤作「糸糸」，今改。
〔註339〕　《詩報》昭和9年（1934）11月1日，92號頁16。奎山吟社歡迎施梅樵先
　　　　生。「前列諸先生」是指吳梅洲、黃昆榮、陳庭瑞、陳望遠、陳甘澍、呂杏洲、
　　　　榕軒生、何松甫八位，梅樵依序唱和之。諸先生詩作見該刊同頁。
　　　　吳梅洲（如玉）與梅樵二人唱和作亦見《臺灣日日新報》第12434號8版，
　　　　昭和9年（1934）11月13日。刊於詩壇。

詩成好乞山靈助，路遠頻邀詩侶陪。

君似通元能講學，我同王粲獨登臺。

此回相見添秋興，奪幟騷壇讓霸才。（一）

憂時無計可逃名，呼馬呼牛愧此生。

邂逅只應揮涕淚，登臨偏恐礙榛荊。

老來驚覺鉵鉵耄，客裡難禁渺渺情。

自笑平居飛動意，慰愁頻喚董雙成。（二）

放開巨眼望滄溟，羞向馮夷一乞靈。

秋夜相逢頻索句，無言對坐燭光青。（三）

老天偏許續前遊，得共吟朋再唱酬。

奔走風塵雙鬢禿，艱難身世一襟秋。

穿珠有志憐行蟻，逐浪無心狎睡鷗。

始信長生原不妄，頓令百病霎時瘳。（四）

分明如月撥雲開，更向名山絕頂來。

投轄孟公原好客，去官陶令為啣杯。

艱難步履情應諒，坎壈程途理可推。

安得劃平成世界，得供顧盼出心裁。（五）

好風村店茶初熟，過雨山田稻亦肥。

最是同車情益厚，果然作客約無違。

秋來坐臥時時冷，老至思量事事非。

但願縱談消寂寞，忘年交誼且忘機。（六）

砌蘭籬菊賞幽姿，得續前遊副所期。

如畫溪山頻入夢，為留鴻雪且題詩。

青衫歷劫孤蓬轉，白髮盈頭一鏡知。

到老自憐無善狀，我躬不閱況匡時。（七）

登山臨水興偏饒，慣擁重裘過幾宵。

曉日更添紅嶼色，晚霞誤認赤城標。

紀遊空憶王摩詰，寫景終慚鄭板橋。

客思拋開休繫累，只應併付去來潮。（八）

聽潮〔註340〕

　　頃刻欣看水量增，馮夷有約信堪憑。

　　勝他妄誕瞿唐賈，歲歲愆期最可憎。

秋晴〔註341〕

　　四顧無雲翡，清遊興適然。岸楓紅似火，野菜碧於煙。

　　砧杵風聲細，樓臺月色鮮。江湖波浪靜，好放米家船。

珈琲館即事〔註342〕

　　眾香國裏住些時，角勝場中出健兒。

　　傾盡壺觴泙醉死，只應心血付蛾眉。

無題〔註343〕

　　一枕歡然敘舊情，妾身心事欠分明。

　　無端打破鴛鴦夢，多少旁人為吃驚。

冬日偕林荔奴陳鴻林遊淡水即事〔註344〕

　　一片寒山草尚青，開窗極目到滄溟。

　　此行端不嫌寥寂，摩托車聲帶雨聽。（一）

　　下車時節雨絲絲，泥濘街衢步屧遲。

　　我且攜筇賞名勝，兩三畫舫在江湄。（二）

　　攜手殷勤上酒樓，主人豪量醉方休。

　　樽前閒話江湖事，頓觸滄桑舊日愁。（三）

陳蕃榻〔註345〕

　　太守能青眼，南州獨感恩。禮賢懷仲舉，雅量勝平原。

　　枕簟清無夢，風霜夜自溫。豫章□軼事，始覺布衣尊。

〔註340〕《詩報》昭和9年（1934）12月1日，94號頁6。九份、談雪齋擊缽，詞宗施梅樵擬作。

〔註341〕《詩報》昭和9年（1934）12月1日，94號頁7，得第右三。東墩吟社擊缽，左詞宗施梅樵、右詞宗張玉書。

〔註342〕《臺灣日日新報》第12458號8版，昭和9年（1934）12月7日。刊於詩壇。

〔註343〕《臺灣日日新報》第12458號8版，昭和9年（1934）12月7日。刊於詩壇。

〔註344〕《南瀛新報》天籟吟社321期，昭和9年（1934）12月15日。

〔註345〕《臺灣日日新報》第12473號12版，昭和9年（1934）12月22日，得第右一左避。刊於瀛社擊缽吟錄，左詞宗施梅樵、右詞宗鄭永南。

贈郭水源君〔註346〕

淡江之水碧□□，觀音之山勢嶙峋。中有汾陽之後人，
聚族於斯經幾春。家庭和順樂天倫，層樓高築近江濱。
拳石爲牆不染塵，培蘭種桂忘苦辛。賞玩花卉暮及晨，
孤高渾如葛天民。我偶過訪非無因，喜翁矍鑠尚精神。
殷勤晉接不怒瞋，慚愧我輩非嘉賓。前度劉郎髮如銀，
紀遊有詩但率眞，只□嗤笑及鄉鄰。

題靜遠樓呈主人似澂宗阿咸〔註347〕

桑梓久蕭條，淒然每觸目。碩鼠逞猛威，縱橫穿牆屋。
忽承官長命，及茲興土木。修繕貲拮据，十家九不足。
阿咸好吟詠，嘯臺更新築。遺興賦新詩，高遠恣瞻矚。
軫念恤時艱，風雅能醫俗。願廣萬間廈，得遂寒士欲。

花市〔註348〕

紛紛巷尾與街頭，紫白黃紅色色優。
香國頓成新世界，春光不負舊名流。
非時價格緣〔註349〕須賤，未老姿容亦可售。
試問此間誰管領，增加官〔註350〕稅要綢繆。

次韻（謝景雲〈喜梅樵詞長蒞竹〉）〔註351〕

耐寒竟日捲簾旌，鞭影紛紛駐滿城。
合訂忘年交誼好，詼諧曼倩似平生。

香圃招飲席上有作並示東農月桃〔註352〕

商量禦夜寒，決計沽濁酒。笑我隘別腸，讓君酌大斗。
交游十餘載，結契忘年友。相逢便索詩，未能掩吾醜。

〔註346〕《臺灣日日新報》第12480號8版，昭和9年（1934）12月29日。刊於詩壇。
〔註347〕《詩報》昭和10年（1935）1月15日，97號頁8。敬遠樓題詠集（一）。
〔註348〕《詩報》昭和10年（1935）2月15日，99號頁5，得第右三。東墩吟社擊缽，
左詞宗施梅樵、右詞宗張達修。東墩吟社擊缽。又收錄在曾笑雲《東寧擊缽吟
後集》頁196。臺北市，昭和9年（1934）3月。
〔註349〕「緣」，《詩報》誤作「綠」，今據《東寧擊缽吟後集》改。
〔註350〕「官」，《東寧擊缽吟後集》誤作「宮」，今依《詩報》。
〔註351〕《詩報》昭和10年（1935）2月15日，99號頁6。
〔註352〕《詩報》昭和10年（1935）2月15日，99號頁12。

席上潦草成，美人笑開口。酩酊倩誰扶，終歸莫須有。

來儀吟社雅集依前韻賦贈在座諸彥並似秋濤詞長〔註353〕

春宴會群雄，奪幟飲醇酒。詞藻自不凡，久矣才八斗。

今識曾南豐，一面如故友。談心各有趣，不同俗婦醜。

賓主總忘形，雄辯不絕口。殷勤饗老饕，山廚罄所有。

中州覽勝〔註354〕

定軍山上望旌旂，從古屯營尚示威。

龍井湧泉堪解渴，虎岩聽竹也忘饑。

十分淑氣環青野，一片春光接翠微。

猶有素王宮殿在，我來拱手立斜暉。

再疊香圃招飲席上有作韻贈秋濤詞長〔註355〕

詩會愧濫竽，論交一樽酒。冬夜喜聯床，直到柄移斗。

劫外久無聊，知我能幾友。老至百不關，任人評妍醜。

瑣事及談詩，懸河笑此口。後顧正茫茫，宜視無何有。

送吳芾畫伯歸里〔註356〕

我處孤島中，眼界太狹窄。愛畫入骨髓，苦心時物色。

久耳先生名，昨甫一面識。惠我好畫圖，千金求不得。

匆匆賦歸去，惹我空嘆息。春風約重來，好共談朝夕。

次小冬郎韻（曾東農〈圃先生招飲席上有作謹似梅樵前輩並祈郢正〉）

〔註357〕

扁舟合唱大江東，帆席分明借好風。

未已壯心懷劍俠，得償素願號詩雄。

吾生豁達同莊子，世事浮沉等塞翁。

把盞不妨談永夕，嗣宗莫漫哭途窮。

〔註353〕《詩報》昭和10年（1935）2月15日，99號頁12。

〔註354〕《詩報》昭和10年（1935）3月1日，100號頁6，得第右十九左二四。全島聯吟大會第二日首唱（昭和乙亥年古曆元月七日開於臺中公會堂），左詞宗張純甫、右詞宗張鐵濤。

〔註355〕《詩報》昭和10年（1935）3月1日，100號頁13。

〔註356〕《詩報》昭和10年（1935）3月1日，100號頁13。

〔註357〕《詩報》昭和10年（1935）3月15日，101號頁7。曾東農作見該刊同版。

慰張焱生世講喪耦〔註358〕

人生聚散本無端，一病誰知續命難。
累却薰砧心力瘁，塵寰莫覓返魂丹。（一）

懿德生前重里閭，八行小楷果能書。
怡顏博得阿翁笑，何獨晨昏問起居。（二）

鈿車今已去人間，百計招魂總不還。
合學莊周盆日鼓，放懷勘破死生關。（三）

輓林天爵君〔註359〕

時事日已非，予懷愁曷已。何況總角交，近今強半死。
吾老怨寂寥，結交亦難矣。君居與我居，相距惟尺咫。
有時來訪我，見面各狂喜。誰知此一別，更甚隔千里。
鬼伯胡不情，凶耗驚遝遝。化鶴待何年，招魂費剪紙。
始信人世事，忽忽如逝水。好是君生前，探討及畫理。
人物擅專長，畫工莫媲美。筆墨足流傳，正合爲修史。

贈香圃〔註360〕

老來尚未失天眞，筆墨交逾骨肉親。
我亦臨岐幾惆悵，不同隔膜視行人。

戲贈梅癡居士〔註361〕

嗜飲耽吟各見長，風流到底也佯狂。
花前絕倒詼諧處，更上殷勤一瓣香。

席上賦示香圃小冬郎〔註362〕

選妓傾樽禦夜寒，別腸消受卻爲難。
詩情客思無聊賴，當作邯鄲幻夢看。

〔註358〕《臺灣日日新報》第12557號8版，昭和10年（1935）3月17日。刊於詩壇。
〔註359〕《臺灣日日新報》第12566號12版，昭和10年（1935）3月26日。刊於詩壇。「已」，原誤作「以」，今改。
〔註360〕《詩報》昭和10年（1935）4月1日，102號頁6。員林興賢吟社春季擊缽，左詞宗施梅樵、右詞宗張玉書。
〔註361〕《詩報》昭和10年（1935）4月1日，102號頁6。員林興賢吟社春季擊缽，左詞宗施梅樵、右詞宗張玉書。
〔註362〕《詩報》昭和10年（1935）4月1日，102號頁6。員林興賢吟社春季擊缽，左詞宗施梅樵、右詞宗張玉書。

催粧詞〔註363〕

珠冠霞帔已先將，好備香奩理嫁箱。

掠鬢工宜勞阿母，畫眉筆尚待檀郎。

須知奠雁期非遠，但得乘龍願亦償。

裙衩釵鈿休草草，許多儐相集華堂。

慰渭雄君悼亡〔註364〕

雙宿雙飛的是難，酸風吹到故巢寒。

翩翩比翼終虛願，禁不追思淚暗彈。（一）

衾枕難忘舊日恩，膝前兒女暗銷魂。

忍心忽地歸泉下，夫婿憑誰可訴冤。（二）

明知聚散本無常，潘岳多情枉斷腸。

好□□膠絃一續，免教遺恨累糟糠。（三）

前因後果總茫然，伉儷曾經十五年。

且待玉簫應再世，韋皋重締好因緣。（四）

贈陳藻雲君〔註365〕

舊雨重逢各愴神，相看鬢髮已如銀。

飽經末世滄桑劫，分作名山著述人。（一）

泛宅無心甘卒歲，高樓小憩紀殘春。

同遊零落何堪問，地老天荒惜此身。（二）

有贈〔註366〕

散悶何妨藉酒樽，春風春雨惹銷魂。

小樓坐對無聊賴，忽報香車已到門。（一）

覿面驚疑畫裏人，臉邊猶印簟紋新。

記曾春日陪吟宴，累汝殷勤勸飲醇。（二）

〔註363〕《詩報》昭和 10 年（1935）4 月 1 日，102 號頁 13。北斗楊鶴年氏新婚紀念徵
　　　　詩，左詞宗施梅樵、右詞宗郭涵光。左詞宗擬作。又收錄在曾笑雲《東寧擊缽
　　　　吟後集》頁 156。臺北市，昭和 9 年（1934）3 月。

〔註364〕《臺灣日日新報》第 12610 號 8 版，昭和 10 年（1935）5 月 10 日。刊於詩
　　　　壇。

〔註365〕《詩報》昭和 10 年（1935）6 月 1 日，106 號頁 4。

〔註366〕《詩報》昭和 10 年（1935）6 月 1 日，106 號頁 4。

七字能吟亦足雄，泥人爲寫紙屏風。

年來愧我牢騷甚，偶爾揮毫究未工。（三）

無題〔註367〕

記列吟筵汝執觴，秋涼尤著藕絲裳。

近前無語嫣然笑，未肯逢人道短長。（一）

爛漫天眞自可人，淡妝分外見豐神。

雲鬢偏喜趨時樣，剪斷烏絲百萬緡。（二）

幾回拇戰奏奇功，如此裙釵信偉雄。

合把管城書露布，不應視作可憐蟲。（三）

輓謝耀東世講〔註368〕

生成慷爽好襟期，時事艱難靡不爲。

造化無情偏短命，誰云一病乏良醫。（一）

平生好客比陳遵，嗜癖無他只飲醇。

費盡黃金終不惜，杜康貽禍竟亡身。（二）

故鄉人物漸凋零，凶耗頻來未忍聽。

誰肯輕財成義舉，如君素抱足垂型。（三）

猶憶歸鄉輒過從，深情雅誼異凡庸。

那知此日成長別，更甚蓬山隔萬里。（四）

祝朱如松金剛石婚盛典〔註369〕

仙人玉女兩峰高莫比，相距雲天僅尺咫。只許仰視不可登，左右
諸山環侍如孫子。乾坤秀靈氣獨鍾，紫雲丹霞峰坳起。中有避囂
人，結屋烟嵐裡。種石有餘閒，採藥入城市。家庭豫順樂天倫，
妙訣養生莫與擬。神仙清福幾生修，伉儷百年轉瞬耳。成婚屈指
六十年，相敬如賓貫終始。孫曾繞膝且含飴，舞綵階前顧之喜。
賓客紛紛集滿堂，競頌詩篇獻綠蟻。白頭偕老自古難，勝事光榮
及鄰里。

〔註367〕《詩報》昭和10年（1935）6月1日，106號頁4。
〔註368〕《詩報》昭和10年（1935）6月1日，106號頁4。
〔註369〕《詩報》昭和10年（1935）6月1日，106號頁11。

賦贈菱香吟社諸彥〔註370〕

青衫纔滌去年塵，悔我蹉跎過一春。
此日重來償素願，清談座上幾詩人。

席上贈阿雪、阿花二女史〔註371〕

燕瘦環肥總可人，歌臺舞榭幾經春。
樽前莫唱涼州曲，怕惹征夫易愴神。

次辜菽盧先生六十自頌韻〔註372〕

作手群推老斷輪，情懷和暢氣如春。
名山不朽千秋業，浩劫曾經百鍊身。
子美哦詩都是憤，長卿賣賦豈終貧。
浮沉濁世誠無賴，空惹狂奴指摘頻。（一）

聚首斯須笑語親，杞憂等是有心人。
斧柯莫假空懷魯，文字將亡却罷春。
吾道仔肩期後起，時艱蒿目昧前因。
即今回憶唐瞑世，禮樂冠裳不失眞。（二）

泛宅浮家上水萍，十年贏得鬢星星。
每懷養士倪千里，却愧鳩財薛九齡。
大海釣龍齊束手，近山畫虎轉忘形。
沙蟲猿鶴休同論，寸木岑樓語不經。（三）

叱咤風雲願竟違，不求汲引尹翁歸。
養生謹飭徵長命，講學殷勤倚落暉。
鬢髮未皤身尚健，蓬蒿終老計仍非。
最憐彈鋏侯門客，日見闌干苜蓿肥。（四）

平和樓偕垂裕世弟炳揚再侄攜酒話舊有作〔註373〕

〔註370〕《詩報》昭和10年（1935）7月15日，109號頁13。
〔註371〕《詩報》昭和10年（1935）7月15日，109號頁13。
〔註372〕《臺灣日日新報》第12696號8版，昭和10年（1935）8月4日。刊於詩壇。
〔註373〕《詩報》昭和10年（1935）9月15日，113號頁8。又刊登於《臺灣日日新報》第12739號8版，昭和10年（1935）9月16日，另題作〈炳揚族侄留飲席上感賦〉。其中原《詩報》「驪酗」作「醱醒」、「貯」作「對」、「鬈」作「鬢」。

臨行留住醉驪酕，一片涼風捲酒旗。

覓句對花詩較豔，傾樽貯月思尤奇。

中年聚散頻增感，大局安危未可知。

倘得青田供暢飲，管教鬢絲盡成絲。

齒科醫〔註374〕

搖落當筵惹感傷，未能咀嚼苦難償。

得君補闕絕神技，蠶食鯨吞轉勝常。（一）

齒牙頹敗苦難當，罅隙能彌素願償。

世上許多遺憾事，可曾補綴試思量。（二）

席上賦贈王寶書世講〔註375〕

倦飛塞雁息衡陽，又帶秋聲入故鄉。

話舊惜無花底月，傾樽忘卻鬢邊霜。

人當老大思親友，事到艱難計短長。

得此濁醪消壘塊，勝他一夢續黃粱。

秋日偕一儂遊公園口占〔註376〕

紛紛落葉舞斜陽，天氣三秋未覺涼。

太息園花無色澤，八分蒼萃二分黃。

往來車騎帶塵飛，卻訝秋霜染客衣。

拄杖翹看山向背，淡雲似逐牧童歸。

道東書院秋宴〔註377〕

鱸魚我試學調烹，賓主聯歡盡百觥。

此是講堂嚴肅地，不教呼喚美人兵。

繡幕牽絲〔註378〕

〔註374〕《詩報》昭和10年（1935）10月17日，115號頁5。中州秋季聯吟會擊缽，
左詞宗吳小魯、右詞宗許逸漁。分別得第左一、左四。

〔註375〕《詩報》昭和10年（1935）11月3日，116號頁8。

〔註376〕《詩報》昭和10年（1935）11月3日，116號頁8。

〔註377〕《詩報》昭和10年（1935）11月3日，116號頁9，得第右五左避。和美道
東書院秋日擊缽，左詞宗施梅樵、右詞宗王竹修。

〔註378〕《詩報》昭和10年（1935）11月3日，116號頁13。溪湖菱香吟會社友何

桂花風動畫當秋，見說香車駐外頭。

償相兩行高注目，崔盧奪贈異庸流。（一）

深紅衫子淡黃裙，半度翩翩自不群。

好把新詩證紅葉，良緣早已締三分。（二）

道東〔註379〕

道韞有才能咏絮，東坡不俗喜談禪。

贈畫家蔡麗邨〔註380〕

蔡子善丹青，□在能設色。誰知作墨畫，下筆更有力。

成竹在胸中，淺深終不惑。三祖與六法，諳鍊徵夙苦。

因之描寫時，毫不見痕迹。年少具聰明，近今實難得。

遺我一幅圖，能禁□珍惜。

敬和陳藻芬先生六十述懷原韻〔註381〕

腹有詩書筆有神，登場傀儡究非眞。

傷時只學三緘口，歷劫方成百煉身。

福厚喜看兒女盛，倉盈應濟里閭貧。

吾生飢溺存懷抱，薄力何能救難民。（一）

雁字排空寫素秋，迴文好藉錦囊收。

壽星朗耀輝三島，瑞色繽紛繞四週。

菊水延年欣適口，霞箋獻頌敘從頭。

可能投轄家風繼，預約題襟載筆遊。（二）

遊鯉魚潭〔註382〕

四山環翠水涵青，夕照晴雲映短亭。

打槳不辭辛苦力，扁舟一葉載娉婷。（一）

揆君令三弟吉席紀念。
〔註379〕《詩報》昭和10年（1935）11月18日，117號頁4，得第左五右錄。題下
　　　　原註：「鳳頂格」。道東書院秋季擊缽，左詞宗爾竹、右詞宗施讓甫。
〔註380〕《臺灣日日新報》第12803號12版，昭和10年（1935）11月20日。刊於
　　　　詩壇。
〔註381〕《詩報》昭和10年（1935）12月1日，118號頁16。
〔註382〕《臺灣日日新報》第12837號12版，昭和10年（1935）12月24日。刊於
　　　　詩壇。

無寧岸畔作閒人，渺渺煙波看躍鱗。

他日化龍安可必，禹門燒尾究何因。（二）

員林福寧宮碑記〔註383〕

聞之有功德，於民則祀之。湄洲聖母其靈應昭彰，不遑枚舉，故建祠崇奉。若非特通都大邑爲然，即海澨山陬，莫不建廟而薦馨香也。員林福寧宮，創自前清雍正年間，至嘉慶戊辰及光緒乙酉兩次修繕。昭和丙寅仲冬，乃移轉重建，迄今香火尤盛。考諸聖母傳記，凡人民之渡重洋遭危難者，壹呼聖母救援，則履險如夷，舟楫無恙。於是信聖母之人日益眾，崇仰聖母之念日益深矣。當員林舊街廟未修葺之時，殿宇敗壞，崩落不傷一人。逢重建上樑，正有兒童三人觀劇，碑石傾頹，見者以爲終無生理，後竟安全。其靈驗昭然，在人耳目。茲者廟貌煥然一新，邑內官紳以及民眾，無不爭相參拜，皆仗總理輩協力奔走。而江應楊氏等尤始終不辭勞瘁，爲難能可貴者。茲者工事告竣，囑余爲之序其崖略如此。

昭和丙子年孟春　鹿港施梅樵拜誌

輓鄭永南詞兄〔註384〕

歲歲頻成哭友詩，能禁下筆不淒其。

老來兀坐愁孤寂，笑謔憑誰可解頤。（一）

善飲能吟的是難，逆來順受覺懷寬。

風流不讓東方朔，絕倒詼諧欲〔註385〕墜冠。（二）

北遊我每滯經旬，枉顧〔註386〕殷勤不厭頻。

最是登臨饒興趣，往來襟上半車塵。（三）

平生勘破死生關，死死生生視等閒。

今日塵寰偏〔註387〕撒手，吟魂長此住神山。（四）

〔註383〕福寧宮，位於彰化員林街，主祀天上聖母。今碑刻尚完整嵌於廟內牆上。昭和丙子年爲昭和11年（1936）。

〔註384〕《臺灣日日新報》第12861號12版，昭和11年（1936）1月18日。刊於詩壇。其中第二～四首又收在《鹿江集》頁123，題作〈輓鄭永南〉。

〔註385〕「欲」，《鹿江集》改作「幾」。

〔註386〕「枉顧」，《鹿江集》改作「訪我」。

〔註387〕「偏」，《鹿江集》改作「甘」。

次韻答趙曉東詞友〔註388〕

茫茫何處問津涯，侑酒休嗤借楚娃。

妒恨卻應防許子〔註389〕，憐他瘦骨已如柴。

次韻答邱先生榮習〔註390〕

吟宴多勞此夕開，東南賓主興悠哉。

別腸愧我難消受，勉強因君盡一杯。

次韻答陳韻青詞友〔註391〕

角勝還欣酒屢傾，差同道故正班荊。

相逢且締忘年誼，老至看花目為盲。

次韻答少波詞友〔註392〕

賭酒聯吟夜未殘，良朋聚首客愁寬。

卻同江上題襟會，少長忘形百倍歡。

次景寅詞友原韻〔註393〕

詞壇爭霸慚無力，老至師丹氣覺衰。

旗鼓堂皇期後起，倘能賈勇險如夷。

次韻答陳南曜詞友〔註394〕

移川我欲學愚公，勇往何堪負隱衷。

有志摩雲年正少，勸君努力振文風。

次韻（楊笑儂〈自遣〉）〔註395〕

娛老□思築小園，多情親友阻連番。

千莖白髮成霜色，一領青衫染酒痕。

閱世漸深懷倍淡，偷閒已慣語仍溫。

海桑時局驚心甚，未忍逢人便討論。

〔註388〕《詩報》昭和 11 年（1936）1 月 17 日，121 號頁 5。

〔註389〕原註：「時故人果堂似有醋意。」

〔註390〕《詩報》昭和 11 年（1936）1 月 17 日，121 號頁 5。

〔註391〕《詩報》昭和 11 年（1936）1 月 17 日，121 號頁 5。

〔註392〕《詩報》昭和 11 年（1936）1 月 17 日，121 號頁 5。

〔註393〕《詩報》昭和 11 年（1936）1 月 17 日，121 號頁 5。

〔註394〕《詩報》昭和 11 年（1936）1 月 17 日，121 號頁 5。

〔註395〕《臺灣日日新報》第 12882 號 8 版，昭和 11 年（1936）2 月 8 日。刊於詩壇。

歲暮書感〔註396〕

日月奔流歲又周，蹉跎六十六春秋。

虛名我詎甘龍腹，奇相人爭說虎頭。

煮字卻憐飢莫療，賣文終覺富難求。

驅寒計欲沾壺酒，官價高昂待典裘。

立春日南行下車訪菱香吟社諸賢留宿〔註397〕

停鞭恰好及春時，舊雨傾談笑展眉。

難得主人供醉飽，無言隔座聽彈絲。（一）

青燈環坐笑迎春，酒興詩情總讓人。

有只竊娘偏解事，拂塵不惜取羅巾。（二）

風流人物羨菱香，一夕勾留泛玉觴。

報說東皇今稅駕，嫦娥尚減二分粧。（三）〔註398〕

春煙〔註399〕

驚疑濃霧蔽層霄，咫尺渾如萬里遙。

卻怪東風吹不散，園花開日也無聊。

春日喜鴻濤見遇〔註400〕

疎雨寒煙忽到門，吟廬小坐近黃昏。

皇皇作客携詩卷，草草留賓□酒樽。

論世不禁悲觸目，逢春莫怪冷銷魂。

些時聚首旋□別，無限牢騷未忍看。

困雨無聊偶成絕句懷友〔註401〕

怕寒日擁火爐溫，驟雨狂風自打門。

知否山中諸舊侶，可曾相對共攜樽。

〔註396〕《詩報》昭和 11 年（1936）3 月 1 日，124 號頁 4。
〔註397〕《詩報》昭和 11 年（1936）3 月 1 日，124 號頁 13。
〔註398〕作者註：「是日正月十三。」
〔註399〕《詩報》昭和 11 年（1936）3 月 20 日，125 號頁 8。興賢吟社春季擊缽，得第左一。
〔註400〕《臺灣日日新報》第 12927 號 12 版，昭和 11 年（1936）3 月 24 日。刊於詩壇。
〔註401〕《詩報》昭和 11 年（1936）4 月 2 日，126 號頁 14。

仲春遊竹塹〔註402〕

不負鶯花節，重來禮義鄉。跡尋鴻爪印，人逐馬蹄忙。

北郭懷吟侶，西崑貯錦囊。明朝鞭再著，一入六家莊。

次韻（黃拱五〈贈施梅樵先生〉）〔註403〕

消息年年託雁鴻，故人深入夢魂中。

前遊渺杳勞尋迹，濁酒殷勤話寸衷。

漸老詩情頻寄慨，近今交誼半凶終。

相逢每向花間醉，一洗離愁萬斛空。

林母號昭懿楊安人墓誌銘〔註404〕

安人名允娘，昭懿其號，北斗望族楊勳翁次媛也。年二十，歸林慶賢先生。伉儷情篤，侍夜勘學，先生文思大進，旋游泮水。改隸之初，曾與皇軍協力，剿匪撫民，當道器重之，遂命任爲保良局長、北斗區長，兼下霸區長，並佩紳章。北斗詩人公舉爲螺溪吟社長，揚風抅雅，殊費苦心。繼復開鑿埤圳，經營製糖工場。家道日以隆，聲名日以震，皆安人內助之力也。安人事姑嫜以孝，待妯娌以和。御下以寬，教子以義。樛木無嫉妒之心，螽斯有眾多之頌。如斯令德，宜乎壽享期頤，坐受家庭清福。胡爲乎一病而恝然舍去耶？嗚呼痛哉！

安人有丈夫子九。長伯鑒，娶洪氏。次伯廉，能詩，廣交遊，娶陳氏，田中陳坤輝胞姊也。伯鑒、伯廉皆早卒。三伯餘，大正十一年畢業臺北醫專，遂命任臺中醫官補，現在故鄉開業，有聲於時，十五年北斗實業協會長當選，昭和三年被命爲臺中州協議會員、保甲聯合會長，娶陳氏，臺北高女畢業生也。四伯楷。臺北工業畢業，北斗鹿港間乘合自動車經營中，被舉爲臺中州自動車協會甲部副部長、臺灣自動車聯合會代議員、北斗街民選協議會員，娶卓氏。五伯可，京都帝國大學出身法學士，現任臺灣總督府交通局書記，娶小田原氏。六伯樞，畢業中學，娶許氏。七伯澧，娶洪氏。八伯岳，

〔註402〕《詩報》昭和11年（1936）5月1日，128號頁3，得第右四二。全島詩人聯吟大會，新竹州主催首日首唱。

〔註403〕《臺灣日日新報》第12997號8版，昭和11年（1936）6月3日。

〔註404〕《詩報》昭和11年（1936）7月16日，133號頁19。

娶許氏。九伯旭，聘陳氏。

孫十九。仲熙早卒。仲謀畢業商工學校，伯鑒出。仲符經營米穀商。仲策中學畢業。仲籤現肄業臺北高等學校。仲筠幼讀，伯廉出。仲琛畢業高等學校。仲琮、仲璟、仲珌、仲堯，伯餘出。仲葆、仲荃均肄業中學校，伯楷出。高光，伯可出。仲祺、仲祐，伯樞出。仲管，伯澧出。仲聰、仲衛，伯岳出也。

曾孫三人。啓興聘許氏，仲熙出。闔興，仲謀出。肇興，仲符出。英年俊秀，萃於一門。非安人之淑德，曷克臻此？

女二。長適北斗謝仁賢，次適社頭蕭玉麟。女孫十二，均肄業中，未字。女曾孫二，尚幼。安人生於同治壬戌年八月十七日吉時，卒於昭和丙子年閏三月廿八日未時，享壽七十有五歲。是年四月十八日，伯餘暨諸子孫曾等，將扶其靈柩葬於北斗之大坵園。穴坐庚向甲，兼酉卯三分，分金申庚寅。乞余爲之誌墓且銘。余以誼不容辭，爰爲之銘曰：山之秀，水之涓，佳氣聚會護牛眠。宜爾子孫，富貴綿綿。

冬菊〔註405〕

黃花秋盡未凋傷，晚節真堪傲雪霜。

抱負何曾遜松竹，名聲自不愧柴桑。

著將綿繽來觀客，攜到樽罍坐把香。

莫羨嶺梅開十月，籬邊依舊炫濃粧。（一）

報道東籬鬥豔粧，縱逢秋盡不凋霜。

幽姿卻露三分白，晚節猶看一片黃。

信有餘香堪佐酒，好供佳客共飛觴。

懸孤花亦徵祥瑞，燦爛爭開映錦堂。（二）

祝張文翁榮壽〔註406〕

商場百戰告成功，有子能詩慰乃翁。

今日壽筵開六一，詩人團聚錦堂中。

〔註405〕《詩報》昭和 11 年（1936）8 月 15 日，135 號頁 8。祝張文翁六秩晉一榮壽擊缽首題，分別得第右四左避、右八左避。

〔註406〕《詩報》昭和 11 年（1936）8 月 15 日，135 號頁 20。

林耀亭弔辭 〔註407〕

昭和十一年古曆九月十六日，爲同案友林耀亭先生歸土之期。鄙人與先生有舊，不能已之於言。先生溫厚和平，於人無忤，凡諸義舉，靡所不爲，是以官民皆感服其德也。秋七月，先生與鄙人相遇於臺中道左，數語分襟，其精神尚矍鑠如恒。詎料別未幾時，而先生竟作不歸之客耶！嗚呼！痛哉！

癸巳科試，先生與鄙人同受知顧鼎臣學使，迄今四十四年。當時舊侶漸即凋謝，有時回憶殊覺心酸！況值先生作古，能無增百倍憂傷乎？天道茫茫不可測度，自茲以往，幽明異境，人鬼殊途。凡屬知交，其何以爲情耶！

訪僧 〔註408〕

自笑勞勞世網牽，偶登禪榻共周旋。

卻應與佛心心印，塵念何時悉棄捐。（一）

遠公去後無知己，裹足禪林久不前。

今日尋訪重到此，非關香火締因緣。（二）

合歡樹 〔註409〕

並蒂花休侈美談，忘憂有草比何堪。

一資願共山河壽，安樂同心總不慚。

次韻（何挨〈偕施梅樵臺中客夜遇雨〉）〔註410〕

偏因文字作勞人，一領青衫半染塵。

差喜客中同聚首，免教寂寞此吟身。

豐原秋日雅集 〔註411〕

〔註407〕見林耀亭《松月書室吟草》頁31。臺北：龍文出版社，1992年。編年依首句所示時間。

〔註408〕《詩報》昭和11年（1936）9月17日，137號頁14。屏東聯吟會，歡迎施梅樵先生擊鉢，得第右二左避、右十左避。

〔註409〕《詩報》昭和11年（1936）9月17日，137號頁19。祝張文翁六秩晉一榮壽擊鉢，得第左一。

〔註410〕《詩報》昭和11年（1936）10月2日，138號頁17。

〔註411〕《詩報》昭和11年（1936）10月2日，140號頁19。中州秋季聯吟大會擊鉢錄首唱。左詞宗莊太岳、右詞宗吳小魯。分別得第左12右22、左14右30。又見於《臺南新報》昭和11年10月28日，12509期頁8。

西風乍發暑炎消，揮塵談詩破寂寥。

賓主東南誇勝會，樓臺歌舞慰良宵。

憑誰桓笛依三弄，有客秦箏和六么。

珍重年年頻聚首，雄心莫付往來潮。（一）

風光如畫足逍遙，吟侶聯歡疊魂銷。

佳節定知花欲放，名山誰把筆同描。

幾分涼意侵書幌，十倍豪情倒酒瓢。

莫作尋常修禊看，蘭亭群集不崇朝。（二）

次韻（張蒲園〈賦呈施梅樵先生〉）〔註412〕

平生慣作風塵客，遇好溪山眼便開。

已善此遊偏不負，留將鴻雪認重來。

次韻（施子卿〈敬呈梅樵宗伯〉）〔註413〕

老來無狀畏人知，自笑生涯一卷詩。

此日相逢償素願，怎禁展不到雙眉。

次韻（林友笛〈過彰化賦呈施梅樵先生〉）〔註414〕

登臨也好藉消閒，貯錦眞同長吉班。

良友重逢疑幻夢，餘生薄業寄名山。

未容小住傾樽酒，但得□談破睡顏。

自笑無聊時覓句，俚詞堆案未□刪。

重陽訪蘭社諸吟侶歸途車中率成二絕句〔註415〕

漫遊不暇計登高，遠訪吟朋醉濁醪。

故態猶存忘老至，留題到處興尤豪。（一）

談笑偏忘日色昏，主人佳節足雞豚。

茱萸未插羞諸弟，歲歲重陽每出門。（二）

〔註412〕《臺南新報》昭和11年10月23日，12504期頁12。刊於詩壇。

〔註413〕《臺南新報》昭和11年10月23日，12504期頁12。刊於詩壇。

〔註414〕《臺灣日日新報》第13145號12版，昭和11年（1936）10月30日。刊於詩壇。又見於《孔教報》第一卷2號頁29，昭和11年（1936）11月16日，題作〈友笛詞兄枉顧客居以詩見貽次韻奉酬〉。

〔註415〕《孔教報》第一卷2號頁30，昭和11年（1936）11月16日。

道東秋望〔註416〕

聖城容憑眺，豪情溢十分。蒼茫懸海日，靉靆釀山雲。

平野聞香稻，幽畦見秀眥。西風吹袖薄，況值酒微醺。（一）

極目遙無際，輕鷗集水濱。樓高偏倒影，波細自成紋。

古樹飛黃葉，晴天織白雲。講堂初罷宴，俯仰話同群。（二）

謁朱子祠〔註417〕

博採旁搜費考稽，聖經賢傳露端倪。

千秋廟祀原應爾，動得衣冠下拜齊。

鶴年、道南、穆如詞兄以詩見貽次韻奉酬〔註418〕

風光渾似畫，水送與山迎。佳句迴環誦，岐途踽踽行。

樓高吞海氣，夜靜散歌聲。我亦頻來客，騷壇久締盟。（一）

風雨漫天一笑逢，清談好藉滌塵胸。

老來未把豪情減，卻怪疏狂阮嗣宗。（二）

江上題襟絕妙詞，主賓心喜各傾葵。

登臨得句思鐫石，不惜長途帶筆隨。（三）

遊基隆賦贈道南、鶴年、穆如諸詞兄〔註419〕

疏雨寒煙繞港門，下車時節近黃昏。

故人好客殷投轄，逆旅聯吟忌把樽。

天假奇緣容小住，座多佳士喜同論。

此行忍作尋常看，鴻雪千秋誌爪痕。

啓後集序〔註420〕

凡人有百年易盡之身，往往懷千秋不朽之念。爲子子孫孫，繼繼繩

繩。可屬望於無窮也，徐君雲騰。英年便有遠志，不甘終老牖下。

〔註416〕《詩報》昭和11年（1936）11月16日，141號頁16。和美道東書院，得第
　　　　右花左避、右十左避。

〔註417〕《詩報》昭和11年（1936）12月2日，142號頁8。和美道東書院，得第右
　　　　眼左十。

〔註418〕《詩報》昭和11年（1936）12月15日，143號頁15。

〔註419〕《詩報》昭和11年（1936）12月15日，143號頁15。又見於《孔教報》第
　　　　一卷3號頁27，昭和11年12月18日，題作〈遊基隆賦贈道南鶴年穆如諸彥〉。

〔註420〕《孔教報》第一卷3號頁14，昭和11年12月18日。

故自富春而之能高，居然司馬題橋之概。雖今世不及古昔，科第取榮。而君廁身市纏，從事商賈。大爲鄉閭父老所嘉許。蓋見義勇爲，當仁不讓。以是德行上孚有司，下洽士庶。而君之名，已爲眾人所推崇。嘖嘖積道弗衰焉，君謙抑爲懷。無驕慢陋習，營商居積餘暇。則讀孔孟之書，及古今孝子忠臣義士之傳。漸有心得，於是鄉人尊爲巨擘。當道委以重任，二十餘年。無瑕疵之可議，上峰表彰懿行。閭里立碑頌揚，君之爲人。可無憾矣。君治家甚嚴，又尚儉樸。訓子教孫，凜遵炬範。爰將平生所著之詩文，名曰《啓後集》，付之手民，傳之奕裔，君之志。可謂遠且大矣。余於乙亥冬重遊能高，與君晤談時。據迷其手著佳篇若干數，丐余爲之名其集。余不推辭，爰爲之名曰《啓後集》。取其承先啓後之義，今夏君寄書索序。余忙中不及應，及今序之。正昭和丙子中秋節，欲以記其實也。

例授孺人施母林泰孺人墓誌銘 〔註421〕

孺人諱玉燕，號寶珩。縣庄林明智公長媛也，幼嫻母訓，習內則，事父母以孝聞。年二十，歸埔里貽潛公，公幼習舉子業。孺人旦夕侍讀，如賓相教，以期能成大器，不啻德耀之禮伯鸞也，不意世變滄桑，遂廢科舉，爰棄制藝，習岐黃，得以醫術濟世，凡貧困求醫者，且助以藥費，里黨中之受其惠者，實繁有徒，而公不自衿其德也。孺人善理家政，勤儉逾於常人。以孝事翁姑，以禮待戚族，御下以寬，處世以和，說者謂孺人之德，裙釵輩無能出其右焉。子三，長泮宮，幼殤。次雲梯，三丹梯。大正八年三月，貽潛公不祿。孺人教子蓁嚴，不亞孟母，是以雲梯膺任保甲聯合會長，埔里信用組合理事，臺中州土地整理委員，水利組合評議員。丹梯明治大學經濟科卒業，街民選議員，街役場會計，二子均得成名，無非慈訓之徵也。雲梯丹梯，好行善事，必稟命于母，鄉人稱其孝行，二難之名，於茲益著。雲梯娶黃氏，丹梯娶林氏，亦能柔聲怡色，奉侍孺人，雖抱病經年，終無怠志。孺人消受家庭清福，實爲近今不可多覯，胡爲乎溘然逝耶？嗚呼、痛哉！

孺人孫九人，教豪教信教精教文教全教掌雲梯出，教方教澤教哲丹梯出。女孫秋色秋妍女學校畢業，秋月秋蓮秋紅秋吟均幼讀。孺人

生於明治八年二月初九日，卒於昭和11年歲次丙子，九月三十日，享壽六十有二歲，是年古曆十一月初三日，雲梯丹梯，將扶靈柩葬於史港坑獅子頭共同墓地，穴坐子向午，兼癸丁，分金庚子庚午，雲梯丹梯丐余爲之誌其墓且銘，余與之同族，知其家世最詳，乃爲之銘曰：積善之家，必有餘慶，〔註422〕世世子孫，富貴永昌。

遊蘇澳賦贈良銘道南靜淵諸彥〔註423〕

卸裝最喜雨初晴，賓主聯吟各寫情。
近水小樓應不寐，枕函一夜聽潮聲。
一角江天絢紫霞，居人多半是漁家。
浪遊竟與題襟會，愧我風塵鬢已華。

送楊世註君東遊〔註424〕

春風滿驛亭，日色已昏暮。有客賦遠遊，偏舟將東渡。
此行借天風，神靈自默助。蓬萊山水佳，登臨飽瞻顧。
宗教最關心，到處輒宣布。他日歸故鄉，歡迎塞道路。

輓施母林孺人〔註425〕

忽墜南天寶婺星，餘光依舊繞滄溟。
生多淑德垂家乘，死有賢兒哭母□。
兩度登堂神奕奕，九秋聞訃淚零零。
瑞園無復萊衣舞，從此萱花葉不青。

輓蔡子昭君〔註426〕

凶信驚看載報端，天涯憑弔倍心酸。
聰明畢竟無多壽，耆舊能禁發浩歎。
一病偏罹捫舌禍，十洲莫覓迷魂丹。

〔註422〕可知：「慶」與「昌」同韻不換。
〔註423〕《孔教報》第一卷3號頁27，昭和11年12月18日。作者署名「可白」。
〔註424〕《孔教報》第一卷3號頁28，昭和11年12月18日。
〔註425〕《臺灣日日新報》第13198號8版，昭和11年（1936）12月22日。刊於詩壇。
〔註426〕《臺灣日日新報》第13198號8版，昭和11年（1936）12月22日。刊於詩壇。「迷」，原誤作「迄」，今改。又見於《詩報》昭和12年2月2日，第146號頁22。題作〈輓蔡子昭社弟〉。又見於《孔教報》第一卷4號頁19，昭和12年1月16日，題作〈輓蔡子昭〉。

誰憐身後窮尤甚。妻子飢寒度日難。

永昌大國手新築落成紀念〔註427〕

饒有匡時濟世才，共登仁壽築春臺。
功成土木留餘地，董杏還須次第栽。

廷輝賢世講令哲嗣金池花燭誌慶〔註428〕

蓋治平不外夫修齊，倫常莫先於夫婦。關雎一篇，聖人取以弁冕金
經，誠以伉儷之私，即以肇王道之始基，開風化之源流也。夫姬昌
與姒氏德脩於身，一時化行俗美，宜室宜家，由近及遠，薺甘茶苦，
調以河洲之荇菜，而其味胥和，則齊家之效固神且速矣。廷輝世講
系出豫章，學宗端木，少而聰穎，任記室而和懇，長而和平，入商
界而特出。治家有法，教子有方，是以令郎金池能讀父書，箕裘克
紹。郤家選婿，果副東床。茲者秋色平分，佳期已屆。鐘鼓簫管，
百兩以迎新。時儐相一堂，衣冠濟濟，佳兒佳婦，如友如賓，爲翁
姑者能不顧而樂之乎？

梅樵并書賀

贈鷹秋詞友〔註429〕

談笑過今夕，相逢興不孤。綺才君可愛，浪跡我非迂。
詞句誇鸚鵡，家風繼鷓鴣。還期先援幟，青眼信吾徒。

贈珍祥詞友〔註430〕

聰慧關天分，驚人筆一枝。才優新舊學，體備古今詩。
覿面良緣假，談心竟夕宜。匆匆吾欲別，怊悵在臨歧。

高義閣寒夜雅集〔註431〕

不勞消息付鱗鴻，萍聚吹應藉好風。

〔註427〕彰化鹿港民俗文物館典藏行楷中堂書法捲軸。款文：「永昌大國手新築落成紀
念　巫姓宗親一同拜贈」、「偶得絕句　梅樵書」。鈐印：白文「別號可白」、
朱文「梅樵六十六歲以後所書」。暫置於昭和11年（1936）。
〔註428〕臺中霧峰明臺中學林獻堂文物館典藏行楷中堂書法捲軸，合共四幅。鈐印：
白文「別號可白」、朱文「梅樵六十六歲以後所書」。暫置於昭和11年（1936）。
〔註429〕《詩報》昭和12年（1937）1月1日，第144號頁25。
〔註430〕《詩報》昭和12年（1937）1月1日，第144號頁25。
〔註431〕《孔教報》第一卷4號頁20，昭和12年（1937）1月16日。

正是小春時節屆，籬多黃菊岸丹楓。

過汐止〔註432〕

白鷺成行自在飛，斜陽一抹雨霏霏。

陰晴省識原無定，多少征塵染客衣。

基隆雜詠〔註433〕

萬山合沓狀新奇，轂擊肩摩極一時。

天氣忽寒還忽暖，曳筇獨自到江湄。（一）

燈火千家入望遙，憑闌時聽往來潮。

誰憐獨客終無夢，擁被微吟到早朝。（二）

小樓分韻坐敲詩，即事休愁得句遲。

愛絕主人能好客，珍肴滿席酒盈巵。（三）

漁燈萬點集江干，水國生涯亦大難。

誰是釣龍眞本領，枉教飽受雪霜寒。（四）

祝吳太君王孺人喜壽〔註434〕

居不羨金碧樓臺，衣不羨錦繡綺縠。

難得膝下好兒孫，老來消受清閒福。

母也生性儉且勤，裙布釵荊亦自足。

和丸教子具苦心，孤飛淒涼同寡鵠。

境如橄欖苦回甘，含飴樂趣娛眼目。

七十七歲一稱觴，舞彩合奏長生曲。

懿德上天錫永年，約待米壽更申祝。

元旦書懷〔註435〕

蹉跎六十七星霜，老至依然筆墨忙。

手把屠蘇應暢飲，醉看丁丑好春光。

〔註432〕《孔教報》第一卷4號頁21，昭和12年（1937）1月16日。作者署名「可白」。

〔註433〕《孔教報》第一卷4號頁21，昭和12年（1937）1月16日。作者署名「可白」。

〔註434〕《孔教報》第一卷4號頁24，昭和12年（1937）1月16日。原註：「乃占君令堂」。

〔註435〕《詩報》昭和12年（1937）1月17日，第145號頁3。

歸途車中口占 〔註436〕

遙望東南數點山，故園漸近便開顏。

久遊一事心牽掛，多少詩文稿待刪。

次韻（林友笛〈感作〉） 〔註437〕

不同尺蠖屈求伸，放誕仍甘作散人。

償盡登山臨水願，歸來襟上滿征塵。（一）

從事丹鉛久不疲，老猶身健自家知。

生涯休道真寥落，接踵來求文□詩。（二）

惠我佳篇妙入神，由來世味本酸辛。

頂天立地男兒志，去就分明自在身。（三）

吾生愧作叩頭蟲，不羨豪□不怨窮。

自有名山真樂趣，詩詞壇坫敢稱雄。（四）

祝王一儂世講新婚 〔註438〕

我昔誦毛詩，關雎冠篇首。乃知五倫中，一則重配偶。

王郎性耽吟，時作八叉手。得此詠絮才，雞窗獲良友。

信是夙世緣，參軍諧新婦。紫氣繞青廬，洋光入戶牖。

伉儷慶合歡，和好期長久。賓客集華筵，開懷酌大斗。

謹次黃拱五先生元旦感作瑤韻 〔註439〕

未曾攜筆為圖形，小別真同隔世經。

換骨卻殊遭浩劫，養神端合閉重扃。

老來書草風如動，曉起看花露尚零。

預兆年年增福壽，眾星還拱少微星。

東墩諸賢招飲席上感賦 〔註440〕

〔註436〕《詩報》昭和 12 年（1937）1 月 17 日，第 145 號頁 3。

〔註437〕《孔教報》第一卷 5 號頁 13，昭和 12 年（1937）2 月 16 日。又見於《臺灣日日新報》第 13258 號 12 版，昭和 12 年（1937）2 月 21 日。刊於詩壇。

〔註438〕《孔教報》第一卷 5 號頁 13，昭和 12 年（1937）2 月 16 日。又見於《詩報》昭和 12 年（1937）4 月 20 日，151 號頁 22。刊於慶吊欄，王一儂花燭詞，題作〈祝一儂世講新婚〉。

〔註439〕《孔教報》第一卷 5 號頁 13，昭和 12 年（1937）2 月 16 日。作者署名「可白」。

〔註440〕《臺灣日日新報》第 13294 號 8 版，昭和 12 年（1937）3 月 29 日，刊於詩壇。

漫遊不覺近黃昏，覓醉旗亭倒酒樽。

春在湖山原是夢，人如鴻雪只留痕。

滄桑歷劫身仍健，著作非時道自尊。

相聚何妨歡永夕，勞勞塵世惹銷魂。

故紳士杜清先生墓誌銘 〔註441〕

先生諱清，號瑞堂，大甲街人，世居同安縣灌口街馬鑾之十八鄉。其先祖威風公，渡臺始居後龍，旋又徙居大甲，入贅於吳氏，生子三。吳氏求其次子，以承其宗祧。三子武生公又生子三人，先生即其次也。武生公，以商業起家，至先生遂成巨富，蓋由其持籌握算，洞悉於事之未然，故攸往咸宜也。先生為人，恬淡寡言，與人無忤，內而夫婦子女，外而姻戚朋友，其用情之深厚，未嘗形諸辭色，不知者，鮮不謂先生之寡情。然先生成竹在胸，深沉不露，殊非他人所能測渡，其涵養有此。先生才學卓異，名望素孚，大為當道所器重。明治四十二年，任臺中廳參事，四十四年紳章付與，大正三年任臺中廳舍建築敷地審查員，又任大甲帽蓆購買販賣組合理事兼組合長四年，御大典紀念臺中體育會評議員囑託，又大禮紀念章授與。先生盡職奉公始終一致，實為人所難能。是以官界嘉其慎勤，民間仰其德望，如斯偉人，宜乎克享天年，誘掖後進，胡為乎一病不起耶？嗚呼痛哉！

先生德配梁氏，生男一名香國，國語學校畢業，工詩詞，時人推為騷壇健將。女一名棗娘，畢業公校，適大安庄李晨鐘側室。張氏生男二，即祖培與銘森。祖培畢業中野中學，銘森肄業公校。女一名月娘，尚待字。香國娶蔡氏，清水蔡敏貞翁長媛，側室李氏生女一名秋雲。先生生於明治二年五月初七日，卒於昭和十二年一月十八日即古曆丙子十二月初六日，享壽六十有八齡，是月二十一日，香國等扶其靈柩卜葬於鐵砧山麓，穴座〇向〇兼〇〇分金〇〇〇〇。乞余為之誌且銘。余與香國為文字交，焉敢推辭，爰為之銘曰：積之厚者流，自光宜爾，子孫世世永昌。

愚弟　施梅樵　拜撰並書

禪房聽經〔註442〕

萬籟無聲夜不喧，法華口誦滌塵煩。

最憐解意猿兼鶴，傾耳依依立佛門。

次嘯雲韻〔註443〕

老來百事莫關懷，臾次晶瑩不染埃。

只有吟詩偏耐苦，寒宵枯坐撥爐灰。（一）

亨困由天漫強求，逢迎權貴讓人優。

名山著作饒清福，免學行僧事比邱。（二）

種櫻〔註444〕

早看桃杏屬尋常，又笑臙脂太冶粧。

向島移栽千百樹，好教萬卉拜花王。

新柳〔註445〕

未能縮別緒依依，濃汁曾經一染衣。

立定風前腰瘦弱，及春無力繫人歸。

東墩諸吟侶招飲聚英樓感賦〔註446〕

漫遊不覺近黃昏，覓醉旗亭倒酒樽。

春在湖山原是夢，人如鴻雪只留痕。

滄桑歷劫身仍健，著作非時道自尊。

相聚何妨歡永夕，勞勞塵世惹銷魂。

春日遊臺中公園〔註447〕

樹色湖光相映青，十年不到此林亭。

重來忽觸新詩思，似醉夢中一喚醒。（一）

〔註442〕《詩報》昭和 12 年（1937）4 月 1 日，第 150 號頁 4，得第右花左十七。左詞宗葉文樞、右詞宗李石卿。

〔註443〕《詩報》昭和 12 年（1937）4 月 20 日，第 151 號頁 2。

〔註444〕《詩報》昭和 12 年（1937）4 月 20 日，第 151 號頁 7，得第右七。左詞宗張玉書、右詞宗黃溥造。

〔註445〕《詩報》昭和 12 年（1937）4 月 20 日，第 151 號頁 11，得第左六。興賢吟社春季擊缽次唱，左詞宗王竹修、右詞宗王了庵。

〔註446〕《孔教報》第一卷 7 號頁 16，昭和 12 年 4 月 30 日。

〔註447〕《孔教報》第一卷 7 號頁 18，昭和 12 年 4 月 30 日。

一片榕陰覆綠苔，側身遙望好樓臺。

憑欄不覺青衫濕，三兩扁舟打槳來。（二）

次韻（東農〈梅樵先生重悟于明英客次席上喜賦〉）〔註448〕

把樽約略話遭逢，玩世差同阮嗣宗。

邊幅不修塵滿袖，青衫況是舊裁縫。

春雨〔註449〕

點點如膏喜及時，潤苗野老正相期。

爲霖未遂平生願，長作閒雲亦太痴。

待榜〔註450〕

文場經百戰，數載歷艱辛。各有凌霄志，誰爲及第人。

名爲題雁塔，耀可比龍鱗。怪底爭翹首，喧聲動四鄰。

過溪湖策強留飲感而有作〔註451〕

薄日微風不覺寒，無須彈鋏客懷寬。

酴釀酒是傷心淚，欲寫相思藉筆端。

暮春遊碧山歸途偕嘯雲訪林武烈君〔註452〕

碧山猶記識君初，荏苒經過一歲餘。

今日碧山重作客，相邀來訪客中盧。（一）

小樓分韻共敲詩，已是春深日暮時。

坐定調冰供暢飲，頓教止渴沁心啤。（二）

相將遣夢入旗亭，勸酒胡姬眼倍青。

合唱短歌聲上下，燈前帶醉幾回聽。（三）

醉餘分袂就歸途，猶聽叮嚀信口乎。

回首歡場同幻夢，一團離恨滿江湖。（四）

〔註448〕《孔教報》第一卷7號頁20，昭和12年（1937）4月30日。東農作見同期
　　　　頁19。

〔註449〕《詩報》昭和12年（1937）5月25日，153號頁20，分別得第左十四右廿
　　　　一、右二三左避。全島聯吟大會次日次唱，左詞宗張純甫、右詞宗楊爾材。

〔註450〕《詩報》昭和12年（1937）5月25日，153號頁22，得第右二三左避。全
　　　　島聯吟大會次日首唱，左左詞宗施梅樵、右詞宗王了菴。

〔註451〕《孔教報》第一卷8號頁17，昭和12年5月31日。

〔註452〕《孔教報》第一卷8號頁18，昭和12年5月31日。

張春華新居築成賦贈〔註453〕

　　黃榜名門舊，丹楹大廈新。詩書期後起，風雅紹先人。

　　餘地培蘭桂，閒庭淨棘榛。早籌娛老計，安穩此栖身。

立夏日歸鄉偶作〔註454〕

　　鄉思時縈繞，偷閒便一歸。及今逢夏令，釀飲典春衣。

　　老至懷尤騁，詩成興欲飛。縱談消永晝，此會未全非。

次韻（子敏〈與梅樵先生話舊〉）〔註455〕

　　不趨炎熱負初心，慾海無涯百萬尋。

　　自分棄材應付爨，卻憐玉樹未成陰。

　　艱難時事佯啼笑，美麗河山聽陸沉。

　　諱疾忌醫誰痛悔，旁觀憂慮繫懷深。

敦風吟會舉發會式賦此以祝〔註456〕

　　喜見堂堂樹鼓旗，登壇正值餞春時。

　　相期努力扶風雅，一髮千鈞責莫辭。

東墩旅夜〔註457〕

　　下馬時昏暮，誰忘逆旅情。燈光爭月色，人語雜溪聲。

　　化蝶難成夢，聞雞便計程。風塵勞頓甚，卻悔此長征。

次韻（子敏〈夏日午夢適可白先生枉顧說劍一鳴踵至喜而有作〉）
〔註458〕

　　斯人吾欲與，何惜日栖皇。今日誰詩聖，乾坤幾酒狂。

　　時殊多忌憚，事極轉思量。無計驅愁去，開懷覓睡鄉。

自嘲〔註459〕

　　勞碌車塵馬足間，朝來出走暮思還。

〔註453〕《孔教報》第一卷8號頁18，昭和12年5月31日。又見於《詩報》昭和14
　　　　年（1939）1月1日，192號頁11。題作〈春華詞兄新居築成有贈〉。
〔註454〕《孔教報》第一卷8號頁19，昭和12年5月31日。
〔註455〕《孔教報》第一卷8號頁19，昭和12年5月31日。
〔註456〕《孔教報》第一卷8號頁20，昭和12年5月31日。
〔註457〕《孔教報》第一卷8號頁21，昭和12年5月31日。作者署名「可白」。
〔註458〕《孔教報》第一卷8號頁21，昭和12年5月31日。作者署名「可白」。
〔註459〕《孔教報》第一卷8號頁21，昭和12年（1937）5月31日。作者署名「可白」。

此生只合丹鉛老，莫學凡夫競苦艱。

敦風吟會發會誌盛〔註460〕

旗鼓騷壇喜鼎新，中臺文物自彬彬。

起衰具有扶輪志，復古休爲袖手人。

曲學原應思斥逐，正聲豈忍聽沉淪。

風流詞客誇雲集，珍重良辰一日春。

首夏〔註461〕

樹陰綠不到庭隅，猶聽枝頭叫鷓鴣。

麥穗纔黃梅半熟，春風回憶尚踟躕。

遊能高蒙櫻社詩人招宴賦此道謝〔註462〕

書劍隨身客不孤，浪遊到處喚提壺。

哦詩恐被山靈笑，此日重來尚故吾。（一）

歌舞場中未寂寥，美人煖酒慰寒宵。

明知情淺偏難別，回首名山去路遙。（二）

次韻（一鳴〈戲贈壁鋒君〉）〔註463〕

覿面詢鄉事，桑榆有故居。山深偏露骨，水到即成渠。

負氣難諧俗，佯狂惹笑余。終慚題柱願，作賦愧相如。

次韻（勉之〈喜梅樵詞伯偕壁鋒鷹秋二君枉顧草堂〉）〔註464〕

桑梓未蕭索，能詩大有人。木應齊圻甲，命奈不逢辰。

慣作登壇將，羞爲入幕賓。書生覘氣節，到底守吾眞

壽鄭月汀翁七十〔註465〕

人生入世求適意，富貴功名如夢寐。

〔註460〕《詩報》昭和12年（1937）6月8日，154號頁16，右二左避。中州敦風吟
　　　　會創社擊缽吟會首唱，左詞宗施梅樵、右詞宗張玉書。

〔註461〕《詩報》昭和12年（1937）6月25日，155號頁8，得第右四左八。中州敦
　　　　風吟會創社擊缽吟會次唱，左詞宗王了庵、右詞宗步初。

〔註462〕《詩報》昭和12年（1937）7月18日，157號頁2。刊於詩壇。

〔註463〕《孔教報》第一卷10號頁15，昭和12年（1937）8月1日。

〔註464〕《孔教報》第一卷10號頁15，昭和12年（1937）8月1日。

〔註465〕《孔教報》第一卷10號頁17，昭和12年（1937）8月1日。作者署
　　　　名「可白」。

及時行樂身健康，滄桑視作等閒事。

鄭翁湖海好襟懷，酬應禮儀周且備。

令子慷慨有父風，爲棟爲樑成大器。

翁今古稀喜稱觴，裙屐翩翩已蹕至。

堂上爭獻介壽樽，階前舞彩看兒戲。

含飴弄孫樂趣多，如斯佳境尤匪易。

與翁惜未一面謀，聞翁高雅有古誼。

臨風遙誦九如篇，我約期頤同一醉。

酒旗〔註466〕

一竿搖曳逐風斜，遙認新豐第幾家。

多少咸陽遊俠客，相邀暢飲此停車。

荷衣〔註467〕

秧針柳線縫偏蜜，襲襲青羅水面飄。

安得翠蒲作裙帶，臨風好束美人腰。

喬遷〔註468〕

巖谷棲遲久，終慚乏遠謀。棟樑工選擇，牖戶費綢繆。

爭說巢居定，方知計畫優。鴟夷曾徙宅，駿業足千秋。

題王陳節母周氏墓碑〔註469〕

惟母品性，如圭如璧。惟母節操，如松如栢。

茹苦含辛，匪伊朝夕。（一）

五十年中，無日休息。持家教子，有儀有則。

朝廷褒嘉，表厥懿懿。（二）

德玉名山，丘壑生色。以母生平，堪垂史冊。

爰撰數言，命工刻石。（三）

〔註466〕《孔教報》第一卷10號頁21，昭和12年（1937）8月1日。擬作。

〔註467〕《詩報》昭和12年（1937）8月1日，158號頁6，得第右臚左避。中洲、敦風吟會月例會集鈺，左詞宗施梅樵、右詞宗王了庵。

〔註468〕《詩報》昭和12年（1937）8月19日，159號頁8，左詞宗擬作。菱香吟社，祝楊連基氏新築落成。左詞宗施梅樵、右詞宗陳子敏。

〔註469〕《孔教報》第一卷11號頁14，昭和12年（1937）8月30日。

送莊垂裕遊溫陵序〔註470〕

丙子春暮，莊君垂裕將之溫陵。先數日向余道別，謂此行欲往青陽
省先人墳墓。余不料垂裕能作是想也。垂欲性嗜酒，無日不飲，飲
無不醉。第其憨直激昂之氣，時發之於言，不暇計其事理之有無也。
幼時曾隨侍其先嚴慈寄居青陽，迄今四十餘年。風俗之變換，親舊
之凋零，應亦耳不忍聞，目不忍觀也。爲垂裕計，省墳餘暇，宜登
清源彌陀賜恩諸名山，飽覽一新眼界。或攜濁醪泛舟筍江，斯行方
不負矣。

無題〔註471〕

一鉤新月上銀屏，薄酌醃釀半醉醒，瑣事從頭詢仔細，別時握手致
丁寧。因人廋語關天分，和我清詞見性靈，猶記納涼亭下坐，雙眸
偏與柳同青。（一）

晚風微動翠簾旌，嘒嘒鳴蟬不斷聲，細語正防諸姐妒，解圍忍與小
郎爭。賓筵射覆推能手，旅邸陪談信有情，最是月圓雙影照，前身
卻認未分明。（二）

次韻（尤瑞〈病起有感〉）〔註472〕

神仙曾換骨，吃苦不愁難。謬説韓康賤，誰憐范叔寒。
雄心宜奮發，世味莫悲酸。老至豪情在，東山有謝安。

鄭芝生畫家名蘭袖丹青畫幅見贈賦此道謝〔註473〕

在昔鄭廣文，三絕獨擅美。有清鄭板橋，家風能繼起。
及今又見君，丹青得神理。不同襲皮毛，繪事成殊技。
偶遊來茲土，妙筆誰能比。一幅相贈貽，禁我不狂喜。
六法與三祖，研究入骨髓。始信造詣深，聲名動遐邇。
如此好畫圖，千金不易市。

〔註470〕《孔教報》第一卷11號頁14，昭和12年（1937）8月30日。
〔註471〕《孔教報》第一卷11號頁21，昭和12年（1937）8月30日。作者署名「可
　　　　白」。
〔註472〕《孔教報》第一卷11號頁24，昭和12年（1937）8月30日。作者署名「可
　　　　白」。
〔註473〕《孔教報》第一卷11號頁25，昭和12年（1937）8月30日。

水聲〔註474〕

日夜奔流入耳喧，更添山雨長愁煩。

猖狂疑自黃河瀉，頃刻洋洋到海門。

重晤劍亭先生即次少濤先生玉韻奉贈〔註475〕

屢飫郇廚味，香猶齒頰留。前遊還記夏，重晤又逢秋。

好客情偏摯，攜罇興不休。金湯知永固，刼歷且休愁。

彰化東門有石頭公廟乙亥秋里人爲之重修並丐余作碑銘〔註476〕

客有問於余曰：石生於山，性頑質堅，只供填海，誰信補天。縱使
雕刻，面目難全，元章雖愛，吾不取焉。余曰：如子所言，荒謬之
至。一拳之石，乾坤間氣。璞玉比珍，滄桑歷試。斑剝苔痕，別成
古致。漢武鯨魚，鳴吼將雨。晉之崇侈，時作人語。髯蘇雄才，歌
詠石皷。石之奇特，傳自千古。嘉慶之朝，楊令築城。老叟得石，
色采光瑩。不事雕琢，居然人形。氣象雄偉，赫赫威靈。爰議廟祀，
香火虔誠。祈禱輒應，固神而明。道光乙巳，都闉岑公。曾獻匾額，
正直感通。 大正二載，修繕命工。及今年久，鼠蠹雨風。重新建
造，立碣記功。池王並祀，共表尊崇。願邀神庇，人壽年豐。

祝新居落成序〔註477〕

昔李元禮嶽峙淵清，峻貌貴重。士有被其容接者，名爲登龍門。陳
孺子未遇時，門外多長者車轍。張負謂其不長貧賤，蓋其品學足
以感人，而人亦因之而起敬。故親之近之，惟恐不及，非關夫屋
宇之高華也。君聰明天授，慷慨有爲。其先世以業農起家，克勤
克儉，家道小康。至君而饒有大志，舍村莊而就街衢，擇鄰結屋，
樂與時流相往來。固屬青年輩，不可多得之人物也。君倘能廣搜
書史，置之鄴架，日向老師宿儒請益，則耳濡目染之餘，獲益正
自不少。他日爲棟爲樑，得如所願，鄰里亦與有光焉。豈第大廈

〔註474〕《孔教報》第一卷11號頁30，昭和12年（1937）8月30日。菱香吟社擊缽
　　　　錄，左詞宗擬作。
〔註475〕《風月報》48期頁15，昭和12年（1937）9月21日。又收錄在王少濤著，吳
　　　　福助主編《王少濤全集》頁530。臺北：臺北縣政府文化局，2004年12月。
〔註476〕《孔教報》第一卷12號頁23，昭和12年（1937）10月1日。
〔註477〕《孔教報》第一卷12號頁27，昭和12年（1937）10月1日。

高樓，炫耀於一時哉！今日爲舉行落成式之良辰，其交遊欲有以賀之而請之於余。余素無一面之識，第就其友所述而序之。則揄揚不爲失實，俾世之與君有舊者，咸知君非僅以華屋博虛名。原欲有求於華屋之外者，其殆以道德爲基礎，以禮義爲門路，廣居安宅，終身處之泰然。以視世之丹楹刻桷，誇耀於里閭族黨者，大有天壤之懸殊焉爾。

與瘦菊書〔註478〕

分袂經年，聚議竟夕，余懷亦因之而稍慰。此行本擬三宿而後出畫，與足下拈韻聯吟，以遣旅興。況值秋月將圓，炎暑漸退，倘得一適宜客舍，供我坐臥，又有貴相知網卿，日侍足下起居，鄙人不特爲足下慶幸福，亦可藉此以破岑寂耳。是夜分手抵驛亭，金風吹袖，玉露沾襟，乘急行車到家，爲時只三勾鐘有餘，長途涼快，不知行路之難也。貴體漸見復元，無須介懷。花前月下，如有佳作，乞賜一讀，開我茅塞。令少君近時寫眞，並望一枚寄贈。網卿處煩爲道好，足下有暇，不妨偕來一遊。名士美人，登臨有侶，亦一段風流佳話也。

次韻（縱奴〈可白先生偕其美適存偉湘諸君枉顧寓齋喜而有作〉）

〔註479〕

疎狂不畏俗人知，彈鋏無車此一時。

風雨每縈懷舊夢，登臨慣作紀遊詩。

秋來山色添吟興，夜靜蟬聲動客思。

投轄更逢賢地主，得償醉飽緩歸期。

秋日偕青蓮景雲鶴裳漢英訪子敏君於鐵砧山之近水樓席上賦贈子淵長生二君〔註480〕

作客秋將半，同車興不孤。樓高雲入戶，市遠酒盈壺。

〔註478〕《孔教報》第一卷12號頁28，昭和12年（1937）10月1日。作者署名「可白」。

〔註479〕《詩報》昭和12年（1937）11月4日，164號頁3。刊於詩壇。「得」，原作「淂」，疑誤，今改。

〔註480〕《詩報》昭和12年11月4日，164號頁3，署名「笠雲山人」。又見《孔教報》第一卷12號頁19，昭和12年10月1日，改題作〈秋日偕青蓮景雲鶴裳漢英訪勉之於鐵砧山之近水樓席上賦五言律並贈子淵長生二君〉。

樂趣談風月，新詩詠荻蘆。茲遊忘載筆，爲繪八仙圖。

次韻（鄭鷹秋〈述懷〉）〔註481〕

壯不如人況老年，輸君詩學有眞傳。

鷦鷯佳句可千古，朗誦迴環一暢然。（一）

前遊歷歷首頻回，睹酒看花竟夕陪。

今日重逢應小住，香醪寬合爲君開。（二）

連基詞友冢嗣周歲寄柬相招惜余南遊甫卸歸裝不克赴席寄詩誌歉〔註482〕

北歸悔卻卸裝遲，湯餅無緣醉百巵。

遙望詩星光不夜，一篇寄好祝佳兒。

聞策強病癒慰甚爰有是作〔註483〕

安危總繫故人心，一紙書來報好音。

不負蒼天呵護意，維持風雅散黃金。

次何策強瑤韻〔註484〕

百戰詞壇興靡涯，漫云老大鬢成絲。

壯心未已仍看劍，我舌猶存且賦詩。

傀儡登場空惹恨，英雄失路卻非時。

保身多半窮居士，鹽粥薑鹽勝似飴。

祝何太君陳孺人六旬悅辰〔註485〕

躋堂多半能詩客，我亦相從獻巨觥。

六十年中清福受，更期阿母得長生。

〔註481〕《詩報》昭和12年（1937）11月4日，第164號頁5。

〔註482〕《詩報》昭和12年（1937）11月20日，165號頁22。菱香吟社員楊連基君令長郎雨彬周歲擊鉢吟會。

〔註483〕《詩報》昭和12年（1937）12月19日，167號頁13。

〔註484〕《詩報》昭和13年（1938）1月1日，168號頁11。何策強〈述懷〉見該報同版。又見於《孔教報》第一卷8號頁16，昭和12年5月31日，題作〈次韻〉。

〔註485〕《風月報》58期頁33，昭和13年（1938）1月15日。又見《詩報》昭和13年（1938）3月6日，172號頁23。《孔教報》第二卷4號頁20，昭和13年5月5日。

次韻（瘦菊〈喜可白先生過訪攜手偕遊忽逢舊識賦此呈政〉）〔註486〕

烏鵲南飛秋已深，巢痕不惜此重尋。

多情倦蝶翩翩舞，寫恨枯蟬莽浪吟。

借枕盧生春夢幻，浩歌楚客鬢霜侵。

相逢莫嘆無聊賴，揮塵談詩月影沉。

故黃太君蘇孺人遺照〔註487〕

紫雲世胄非尋常，天朝寵錫冠與裳。

至今時局已變換，再瞻高髻亦堂皇。

良人渡海有遠志，倡隨如願歷重洋。

三徙成名師少伯，內助賢慧有榮光。

生子不讓燕山竇，五桂庭階發異香。

起家得有佳子弟，建功立業志不忘。

母也消受此清福，老境如蔗甘漸嘗。

一幅長生圖尚在，千秋史乘共流芳。

次韻（周鴻濤〈旅次呈梅樵夫子（陳）彤雲詞弟〉）〔註488〕

人聲喧笑水汪洋，多少吟朋晉巨觴。

我自中年防痛飲，豪懷遠遜賀知章。

賀玉輝同學得男〔註489〕

遙看佳氣萃當門，下馬傾談日未昏。

英物啼聲曾一試，定知抱負似桓溫。

題故別駕黃希周先生遺照〔註490〕

幼稚渡東海，慷慨有大志。努力事經營，始終原不貳。

辛勤詎敢辭，綢繆尤備至。家道日以豐，教子成大器。

令聞遍遐邇，親疏無猜忌。天錫以永年，古稀只缺四。

〔註486〕《孔教報》第二卷2號頁20，昭和13年（1938）1月15日。作者署名「可白」。

〔註487〕《孔教報》第二卷2號頁20，昭和13年（1938）1月15日。作者署名「可白」。

〔註488〕《孔教報》第二卷2號頁21，昭和13年（1938）1月15日。

〔註489〕《孔教報》第二卷2號頁22，昭和13年（1938）1月15日。作者署名「可白」。

〔註490〕《孔教報》第二卷2號頁22，昭和13年（1938）1月15日。作者署名「可白」。

一幅好丹青，凜凜有生氣。披圖仰遺徽。焚薇題以字。

題黃太君張安人遺影〔註491〕

懿德昭生前，嘖嘖在人口。相夫會起家，餘澤及厥後。
蘆衣休致嘆，允矣此慈母。孝順奉高堂，謹言家法守。
治家儉且勤，因以勉兒婦。裙釵布與荊，奢華亦奚有。
惜福享高年，酬報原不苟。面目在畫圖，千秋永不朽。

屏東客次廉泉元亨澄甫過訪爰賦兩絕句〔註492〕

老來終未息風塵，猶似南轅北轍人。
一笑相逢還自慰，飽餐高臥健吟身。（一）

竟夕清談亦夙緣，不妨此會號忘年。
詁期準擬揚鞭去，楚尾吳頭恨各天。（二）

題故茂才黃葆琛先生遺照〔註493〕

翩翩臨風此玉樹，時人爭推黃叔度。
經濟學術兩兼優，求之近今未易遇。
先生情性和且平，文場鏖戰便成名。
采芹詎足遂所願，還思奮翮如大鵬。
奉事萱堂克盡孝，昏定晨省惟其誠。
家法森嚴且謹守，毋令華奢競虛榮。
滄桑一變出人意，奇材堪為廊廟器。
義氣可以殞公廑，得建巨功非倖致。
勇退更覺智識高，修吾初服適吾志。
即今披圖一瞻仰，人道顏色不殊異。
題詞自知太粗豪，恐被先生笑不事。

題黃母李安人遺影〔註494〕

自幼嫻姆訓，孝敬得兩全。事姑與相夫，里黨皆稱賢。
家道雖小康，儉不費一錢。妯娌戚族間，歙洽各欣然。

〔註491〕《孔教報》第二卷2號頁22，昭和13年（1938）1月15日。作者署名「可白」。
〔註492〕《孔教報》第二卷2號頁23，昭和13年（1938）1月15日。
〔註493〕《孔教報》第二卷2號頁23，昭和13年（1938）1月15日。
〔註494〕《孔教報》第二卷2號頁23，昭和13年（1938）1月15日。

母家有孤兒，親疏誰卹焉。母也惻隱心，事事輒垂憐。

又防姑嬸怒，適以增罪愆。撫孤存宗嗣，得以一線延。

飲泣且吞聲，默佑乞上天。孤兒今有爲，母已隔重泉。

如此養育恩，深比萬丈淵。撫圖一嘆息，懿德溯生前。

三訪古戟不遇〔註495〕

小樓深鎖枉徘徊，競説驅車客又來。

門外飛塵人不見，思君無計惹心灰。

畫菊〔註496〕

描寫秋容藉筆端，濃黃淡白究非難。

只防俗客無眞賞，也似東籬冷眼看。（一）

人世紛紛羨牡丹，柴桑秋色寫尤難。

偶然携筆東籬下，摹倣幽姿好飽看。（二）

輓性湍宗侄〔註497〕

才思比肩吾，正望匠心多著作。

年華同賈誼，誰知短命累嚴慈。

蘭社雅集〔註498〕

斐亭人物散如煙，蕭索騷壇不計年。

猶幸斯文留一脈，偏教此日會群仙。

匡時無策生何補，愛國多情念益堅。

觴咏蘭亭追韻事，忘機賓主各欣然。

冬熱〔註499〕

依然暖日映丹楓，氣候分明與夏同。

珠汗滿身疑伏暑，已捐秋扇奏奇功。（一）

〔註495〕《孔教報》第二卷2號頁25，昭和13年（1938）1月15日。

〔註496〕《詩報》昭和13年（1938）1月18日，169號頁7，分別得第右三左避、右十六左避。奎山吟社，歡迎施梅樵詞長芝生畫伯及大同諸君子，左詞宗施天鶴、右詞宗李璞亭。

〔註497〕《詩報》昭和13年（1938）2月20日，171號頁24。

〔註498〕《孔教報》第二卷3號頁15，昭和13年（1938）2月27日。作者署名「可白」。

〔註499〕《孔教報》第二卷3號頁15，昭和13年（1938）2月27日。作者署名「可白」。

歲晚驕陽蘸碧空，老天似亦藉冬烘。

著棉時節仍絺綌，且有披襟納午風。（二）

祝黃仁祥君得子〔註500〕

曳杖遊山巳夕陽，主人款客備壺觴。

喜看門第多佳氣，桂樹旁枝發異香。

過北斗許君燕汀楊君鶴年留飲席上感賦〔註501〕

酌酒看花興靡涯，清談忘卻夕陽斜。

劇憐歲晚猶為客，不見題詩護碧紗。

次韻（許燕汀〈喜梅樵先生過訪賦呈〉）〔註502〕

偶過丁卯讀書堂，高誼隆情未忍忘。

薄酌別腸知淺狹，不如暫駐黑甜鄉。

過竹塘稼秋留飲席上偶成〔註503〕

把樽約略說前游，屈指於今巳十秋。

賓主盡歡懷各慰，一竿夕照合歸休。

過可園追懷菊隱亡友〔註504〕

十年隔別此園林，懷舊能無一愴心。

菊徑未荒空躑躅，詩篇忽失費搜尋。

稽康有後家風繼，潘仲重來鬢雪侵。

秣馬脂車歸志決，樹梢落日亂鳴禽。

曼倩偷桃〔註505〕

摘果誠難事，關山莫計程。先生存孝道，此舉見深情。

〔註500〕《孔教報》第二卷 3 號頁 16，昭和 13 年（1938）2 月 27 日。

〔註501〕《孔教報》第二卷 3 號頁 16，昭和 13 年（1938）2 月 27 日。

〔註502〕《孔教報》第二卷 3 號頁 16，昭和 13 年（1938）2 月 27 日。許燕汀作見該刊同頁。

〔註503〕《孔教報》第二卷 3 號頁 20，昭和 13 年（1938）2 月 27 日。

〔註504〕《孔教報》第二卷 3 號頁 20，昭和 13 年（1938）2 月 27 日。

〔註505〕《孔教報》第二卷 3 號頁 30，昭和 13 年（1938）2 月 27 日。得第右一左避。溪湖菱香吟社，祝溪湖菱香吟社董事何策強氏令萱堂六十誕辰擊缽錄，左詞宗施梅樵、右詞宗陳子敏。又見《風月報》貂山吟社 62 期頁 35，昭和 13 年（1938）4 月 15 日。《詩報》昭和 13 年（1938）4 月 17 日，175 號頁 9。

不讓安期棗，差同考叔羹。登盤方獻母，齒頰味餘清。

黃則修先生惠詩敬依瑤韻〔註506〕

自悔蹉跎未立名，又逢滿地長榛荊。
談心喜曳長筇至，袖手愁看大廈傾。
老似放翁身更健，詩同白傅調尤清。
過從忘却萍蹤聚，吟興偏令觸處生。

祝元大城庄長吳萬益君七秩晉一榮壽〔註507〕

理政群推里宰賢，當時勇退事桑田。
古稀當爲登堂祝，長壽還期到百年。

尋春〔註508〕

江北江南路匪遙，携筇過盡短長橋。
鶯啼花放知何處，領畧風光興便饒。（一）

賣錫〔註509〕聲度野溪橋，絕好芳晨折柬招。
且共羅浮山下去，梅花消息在今朝。（二）

次韻（衡秋〈春雨連宵作詩遣懷〉）〔註510〕

未嘗奢願得爲霖，坐負年華意氣沈。
尚義虞卿同越國，憂時屈子獨行吟。
名山著作千秋業，塵世驚疑萬種心。
風雨連朝春寂寞，香泥都爲落花深。

寂盧詞兄以立春日遣懷詩索和因次原韻〔註511〕

傲岸生成不媚人，也思舍舊且圖新。

〔註506〕《風月報》59 期頁 28，昭和 13 年（1938）3 月 1 日。又收在《詩報》昭和 13 年（1938）3 月 18 日，173 號頁 3。刊於詩壇，另題作〈次黃萬生兄見贈韻〉。其中「放翁」、「令」，《風月報》作「青年」、「教」。黃則修（萬生）〈贈梅樵先生〉見該報同版。

〔註507〕《詩報》昭和 13 年（1938）4 月 2 日，174 號頁 23。刊於慶吊欄。又見於《孔教報》第二卷 5 號頁 10，昭和 13 年 6 月 10 日。

〔註508〕《詩報》昭和 13 年（1938）4 月 17 日，175 號頁 17。岱江靜修吟社擊鉢，左詞宗擬作。又收在《孔教報》第二卷 5 號頁 28，昭和 13 年 6 月 10 日。

〔註509〕「錫」，疑有誤，應作平聲字。

〔註510〕《孔教報》第二卷 4 號頁 22，昭和 13 年 5 月 5 日。作者署名「可白」。

〔註511〕《孔教報》第二卷 4 號頁 25，昭和 13 年 5 月 5 日。

著書紀歲仍遵夏，貰酒看花共賞春。

病累卻知需藥物，道窮莫怪傅君親。

隨時俯仰原無賴，積滿胸中五斗塵。

忘憂軒小集〔註512〕

閒散同雲鶴，榆枌日往還。清音消浩劫，濁酒洗塵顏。

醉後襟懷壯，愁中鬢髮斑。詩成慚草率，歸去稿重刪。

寶書世講招飲席上賦詩兼似在座諸君子〔註513〕

吟讌逢春夜，留賓倍有情。聯歡花解語，話舊酒盈觥。

踽踽悲塵世，安危係死生。相期金石壽，莫視此身輕。

寒月〔註514〕

雨晦風瀟雪又嚴，蟾光淡不透重簾。

嫦娥似有傷春意，多少啼痕污鏡奩。（一）

梅影迷離鶴夢纖，雲衢似散水晶鹽。

縱然夜色三分減，依舊愁緒懶掀奩。（二）

二月十六日歸里受諸君子招宴即席率賦〔註515〕

明燈清酒話寒宵，拇戰還堪破寂寥。

旁午我方歸梓里，良辰今已過花朝。（一）

皤皤雙鬢終難掩，嫋嫋群芳未易描。

漫笑老饕求醉飽，幾回強飲不盈瓢。（二）

祝林子惠詞兄新居〔註516〕

人生最重衣食住，三者缺一苦莫當。

致力經營數十載，豐衣足食居華堂。

如斯順竟差快意，日與賓客共咏觴。

我惜雲山遙相隔，聞之不禁喜欲狂。

一函魚書聊寄祝，中有俚詞不成章。

〔註512〕《孔教報》第二卷4號頁25，昭和13年5月5日。

〔註513〕《孔教報》第二卷4號頁25，昭和13年5月5日。作者署名「可白」。

〔註514〕《孔教報》第二卷4號頁31，昭和13年5月5日。左詞宗擬作。

〔註515〕《孔教報》第二卷5號頁10，昭和13年6月10日。

〔註516〕《孔教報》第二卷5號頁14，昭和13年6月10日。作者署名「可白」。

勉之以五十壽詩索和因次韻祝之〔註517〕

自分微光腐草螢，艱難時勢一身經。
英雄莫餒窮途志，雷雨能呼大夢醒。
樂府有人歌白紵，沙場何日用青萍。
苦吟漫說無聊賴，生恐催租吏叩扃。（一）〔註518〕

休隨習俗祝三多，放達襟懷哭當歌。
時局慚非宜忍辱，江山猶是等閒過。
伯倫酒濁分清聖，子美詩曾逐病魔。
知否養生原有論，自家戕賊欲如何。（二）

一任悠悠歲序遷，胸無芥蒂好酣眠。
鄧通優寵銅教鑄，秦政苛刑石竟鞭。
報國憂時心耿耿，登山臨水思綿綿。
百年容易今過半，少壯蹉跎暗愴然。（三）

癡想封侯入醉鄉，杖頭錢掛不須忙。
紀遊到處留鴻雪，嗜飲休愁典鷫霜。
身健步趨猶矯矯，眼明顧視未茫茫。
餘生正合加珍惜，坐待人間海種桑。（四）

次韻（韋叔盧〈席上留別洛江諸吟侶〉）〔註519〕

北去南歸甫一週，聞君遠別繫煩憂。
花曾識面皆含涕，水亦傷情忽滯流。
孺子才高爭下榻，仲宣客久莫登樓。
臨行祖餞慚違願，但望吟旌幾日留。

次韻（洪能傳〈席上賦呈施梅樵先生〉）〔註520〕

煮酒論詩聚一堂，清遊小憩習家塘。
此行端不嫌寂寥，焚後經書尚未亡。

〔註517〕《孔教報》第二卷5號頁17，昭和13年6月10日。作者署名「可白」。
〔註518〕「扃」，原誤作「扁」，今改。
〔註519〕《孔教報》第二卷5號頁18，昭和13年6月10日。
〔註520〕《孔教報》第二卷5號頁20，昭和13年6月10日。

黃維垣先生暨德配陳安人號慎徽墓誌銘 〔註521〕

維垣先生諱春電,彰化郡花壇鄉之中庄人也。幼習舉子業,兼精岐黃術,遂以醫行世。富貴家爭延致之,無不奏效,遠近服其技之神焉。先生性質和平,與人無忤,鄉鄰有事皆取決於先生之一言。古所稱陶弘景,為山中宰相,殆類是歟?先生素好學,又知農事。督勵子弟,各勤其業,不許倦怠。銅盤重肉之賜,時有所聞。以故翩翩玉樹,皎立風前,洵閭里之矩範,亦宗族之光榮也。先生嫡室陳安人,善事翁姑和妯娌,相夫子教,兒女又能理家政,由是家道小康。凡與先生交遊者,皆稱得賢內助。

先生有丈夫子三人。長美良畢業師範科,執教鞭者有年,公門桃李喜見成陰。次希坤斐聲商界,中途殂喪。三美玉,醫黌出身,有聲於時,慈仁博愛,有乃父風。懸壺員林,竟成巨富,新築高樓以家焉。其後起亦鐵中之錚錚可期。大惜乎!先生之不及見也。先生卒於明治四十年十一月十六日,享壽六十歲。安人卒於昭和八年六月十一日,享壽八十二歲。美玉永矢孝思,有終身孺慕之誠。是年　月吉旦為之洗骨,合葬於彰化郡秀水庄陜西字金圳洋公墓。地穴坐○向,分金○○○。美玉乞余為之誌其墓且銘。余弱冠時,便識先生碩德,必有名達後人,今果充大門閭,以慰先生於地下。爰為之銘曰:

天留吉穴,俾蔭椿萱。時有佳氣,以護屏蕃。宜乎!世世有賢子孫,維謂醴泉無源,芝草無根。

次韻(笑儂〈高彬閣歌姬蕙仙索詩賦贈〉) 〔註522〕

不用凌波賦洛神,苗條宛似女兒身。
記陪吟宴消炎夏,貪聽清詞唱冶春。
舞榭歌臺知夢幻,伶牙俐齒見天真。
吹噓藉仗東風力,定有移花接木人。

過蒜桐訪陳元亨君 〔註523〕

下車便即造吟盧,細雨霏霏落日初。

〔註521〕《孔教報》第二卷 6 號頁 6,昭和 13 年 7 月 6 日。
〔註522〕《孔教報》第二卷 7 號頁 25,昭和 13 年 8 月 15 日。
〔註523〕《孔教報》第二卷 7 號頁 28,昭和 13 年 8 月 15 日。作者署名「可白」。

見面談心無芥蒂，分明勝讀十年書。

次韻（鄭鷹秋〈梅樵先生過訪賦贈〉）〔註524〕

前遊經隔歲，訪舊此重來。

不是南洲客，休傾北海杯。

登臨双腳健，欣慰兩眉開。

我願垂青眼，期君上嘯臺。

陳母薛太安人七旬晉一壽辭〔註525〕

北堂健泰，筮吉稱觴，正人子極忻幸之事。貧富固無論矣，然必視其德足以服閭里，量足以庇戚族。且為詩書之門第，俊秀之子孫。窮困受其餘潤，遐邇仰其聲望，斯稱壽為不愧耳。近今之世，事親之道，缺然不修。匪特昏定晨省、冬溫夏清之疏略，即怡顏悅色、下氣柔聲，亦不能致。雖名為介壽，難博親歡。不過費許多之物質，炫眾人之耳目而已。於高堂原無裨益，安得老境如啖蔗之佳，享受家庭清福，如薛太安人者乎！

太安人為陳肇修先生德配，平生懿行，為父老所稱道。其事舅姑以孝，相夫子以敬，待姒娌以和。敦宗睦族，克己待人，實巾幗中所不易覯者。又善裡家政，儉樸持躬，裙布釵荊，有林下夫人風焉。肇修先生，以此得無憂內顧，乃發憤讀書，文章瑰麗。丁年小試，曾蒙縣令拔取前茅，鄉人咸以為榮也。不意天靳劉簣，一衿難獲。旋又世變滄桑，遂廢科舉。以錦衣玉帶之奢願，忽為葛巾野服之閒人。於是訓誨子弟，讀與耕俱。經史可當良田，黍稻足供日用。況乎閫內有賢，役使誰敢倦息。庭前兆瑞，蘭桂亦自芳馨。

冢嗣上君，有超群軼類之才，具擎天拏雲之志。商務農事，閱歷既多。競羨老成諳鍊，遇有義舉，毅然勇為無吝惜。疏財仗義之名，於茲益著。建禮、建樂二君，雖不出戶庭。努力農事，亦可為梓枌矩範，鄉黨楷模。令孫鴻謙，成城中學畢業，歸里輔助家事。鴻模

〔註524〕《臺灣日日新報》第13869號n04版，昭和13年（1938）10月28日。刊於臺日漢詩壇。又見於《詩報》昭和13年（1938）11月17日，189號頁3。刊於詩壇。鄭鷹秋作見該報同版。
〔註525〕《孔教報》第二卷8號頁10，昭和13年12月8日。

肄業早稻田大學，遠大前程，未可限量。建禮有丈夫子三，建樂有丈夫子一，均在學校肄業。一家之內，英才輩出。論者謂非肇修先生之遺德，與太安人之德之福，未必有如此之昌盛也。猶憶戊辰之秋，爲太安人之六旬華悅，於壽宇廣開詩會，吟侶赴會者數十人可云盛矣。余亦隨諸君子之後，登堂致祝焉。迄今裘葛十更，星移物換。太安人之精神，壯旺如舊。動靜語言，不形疲憊。是彼蒼之眷顧無疆，太安人之享壽，亦未有已〔註526〕也。

今秋吉旦，又值古稀晉一悅慶。太安人以爲處非常之時世，正宜節約虛費，寄附公益，表人民愛國之忱。諸令郎恪遵慈命，不敢有違。太安人此舉，可謂閨閣之特識者矣。爰爲之頌曰：德高福厚，宜其永年。厥子若孫，舞彩階前。願母之壽，同金石堅。

遊關西即景〔註527〕

蒼翠峰巒繞四圍，鷺鷥爭帶白雲飛。

此行未帶丹青筆，描寫山容一幅歸。

次韻（陳子春〈賦呈施梅樵詞長〉）〔註528〕

允矣陳師道，詩同冰雪清。佳篇今惠我，環誦到天明。

嘆鳳嗟麟世，原知吾道窮。問誰能努力，隻手挽頹風。

次韻〔註529〕

羅山舊夢尚留痕，別久懷人萬緒紛。

今日寄詩堪慰藉，朗吟聲入遠峰雲。

臺南遊□□陳寄生君以柿杖見□□此道謝〔註530〕

去歲客東津，出入□黃□。遊覽時□車，□赴廓□□。

天假此良緣，與君□一面。慷慨自性成，近今不數見。

貽我以吟杖，步履資安健。世落任□□，從茲免憂慮。

報君無綺□，深情空戀戀。

〔註526〕原刊作「✗」，暫擬「已」以代之。

〔註527〕《孔教報》第二卷9號頁26，昭和13年12月25日。

〔註528〕《孔教報》第二卷9號頁28，昭和13年12月25日。陳子春作見該刊頁27。

〔註529〕《風月報》77期頁26，昭和14年（1939）1月1日。

〔註530〕《臺灣日日新報》第13952號n04版，昭和14年（1939）1月20日。刊於臺日漢詩壇。

黃蘸影鄉世講新婚誌慶 〔註531〕

指日香車到畫堂，新詩曾否賦催粧。

梅花帳裏團圓夢，一樣歡娛愛夜長。

次更青見贈韻 〔註532〕

觀奕甘爲袖手人，寄情物外葆天眞。

拈花君亦會微笑，領畧蓮臺無限春。

次韻（葉更青〈感懷梅樵先生〉） 〔註533〕

聚時何果別何因，世上茫茫十丈塵。

拂塵清談消永日，放開襟抱莫愁貧。

喜葉更青詞兄見過 〔註534〕

細雨霏霏客到門，故人坐定話寒溫。

食無兼味休嫌簡，茹素知君有善根。

祝楊連基氏赴大陸發揮 〔註535〕

足踏南溟望北京，終軍有志請長纓。

此行定償封侯願，金印懸腰亦寵榮。（一）

一片閒雲甫出山，好風吹送度秦關。

無憂內顧高堂健，望汝功成及早還。（二）

春日雜詠 〔註536〕

迎面桃花似美人，清遊好趁此芳辰。

蘭亭明日逢修禊，曲水流觴共飲醇。（一）

〔註531〕《風月報》80期頁27，昭和14年（1939）2月15日。又見《詩報》昭和14
　　　　年（1939）3月5日，第196號頁23。刊於慶祝欄。

〔註532〕《詩報》昭和14年（1939）2月19日，第195號頁3。刊於詩壇。葉更青（有
　　　　成）〈訪梅樵先生〉見該報同版。

〔註533〕《詩報》昭和14年（1939）2月19日，第195號頁3。刊於詩壇。葉更青作
　　　　見該報同版。

〔註534〕《詩報》昭和14年（1939）3月5日，第196號頁23。又見於《孔教報》
　　　　第一卷11號頁26，昭和12年8月30日，題作〈道中即景率賦〉。

〔註535〕《詩報》昭和14年（1939）4月1日，第198號頁13，天詞宗擬作。菱香
　　　　吟社徵詩，天詞宗施梅樵、地詞宗王竹修、人詞宗黃溥造。又見《風月報》
　　　　84期頁27，昭和14年（1939）4月24日。

〔註536〕《風月報》87期頁27，昭和14年（1939）6月1日。又見張瑞和編《詹作
　　　　舟全集・四・傳統詩篇・上》頁257。

九十韶光又向闌，綿裘初脫尚微寒。

繁華已逐浮雲散，花事驚心不一端。（二）

貪看山色日憑欄，雨後單衣不畏寒。

摹仿神情成短句，天然畫本出毫端。（三）

習習東風颭酒旗，五陵游俠下車時。

登樓縱飲如泥醉，侍宴佳人苦縐眉。（四）

連朝天氣忽陰晴，泥濘須防緩緩行。

行近花前聊小憩，看花眼尚十分明。（五）

次韻（蘇鴻飛〈蒙楊坤發君招飲於彰化雙美樓席上喜晤施梅樵先生〉）〔註 537〕

相逢舊事道津津，回首前遊隔一塵。

我愧皤皤雙鬢雪，依然佗傺作勞人。

席上漫賦並贈蘇鴻飛詞兄〔註 538〕

連日春陰乍放晴，樽前約略問花名。

客愁莫漫隨潮長，醉聽吳歌煞尾聲。

次韻（曾東農〈偕梅樵先生遊埔里承施雲君招飲偶賦〉）〔註 539〕

吟情飲興滿江湖，山後山前碧草鋪。

飽歷滄桑雙鬢禿，追思離亂一身孤。

相逢只合沽紅友，大醉何妨臥綠蕪。

慷慨纏頭綾百束，座賓且莫論賢愚。

夏日黃鶴樓小集分韻〔註 540〕

詞場息戰兩星霜，旗皷重新喜欲狂。

消夏自應資唱和，買春相與話羲皇。

清風入座忘三伏，騷客開懷罄百觴。

不讓蘭亭修禊盛，群賢畢至豈尋常。

〔註 537〕《詩報》昭和 14 年（1939）6 月 4 日，第 202 號頁 5。蘇鴻飛作見該報同版。
〔註 538〕《詩報》昭和 14 年（1939）6 月 4 日，第 202 號頁 5。
〔註 539〕《詩報》昭和 14 年（1939）7 月 4 日，第 204 號頁 4。曾東農作見該報同版。
〔註 540〕《詩報》昭和 14 年（1939）8 月 1 日，第 206 號頁 4。刊於詩壇。題下原註：
「得陽韻」。

中秋夜偶成〔註541〕

歲歲中秋夜不眠，坐看皓月到庭前。

果然明月如明鏡，無限光輝到大千。（一）

涼風一夕掃炎塵，空際無雲夜色新。

卻喜嫦娥情最摯，慇勤還照白頭人。（二）

庚辰元日感作〔註542〕

年年此日寫新詞，多事年中歲又移。

歐亞風雲同告急，弟兄恩怨兩生疑。

試窺天意安危在，藉問民心得失知。

欲醉無從覓春酒，不妨處世學裝痴。

尤瑞君令媛花村女士將出閣贈之以詩〔註543〕

選婿爭傳中崔屏，乃翁不負眼垂青。

最難閨閣諳醫藥，熟讀前賢甲乙經。（一）

姆訓時嫻德可嘉，預知此去自宜家。

入門博得高堂笑，紫氣濃環七寶車。（二）

己卯冬小瑞山館小集〔註544〕

冬風吹面竟忘寒，訪舊無妨偶駐鞍。

始信地偏心思遠，卻慚才退詠吟難。

乾坤寥落雙蓬鬢，今古推移一帛冠。

護惜此身看結局，勸君高臥且加餐。

嘉福旅舍席上拈韻〔註545〕

無勞載酒過西園，朋舊相逢理玉樽。

〔註541〕張瑞和編《詹作舟全集・四・傳統詩篇・上》頁 278。據詩後「編按」載：
「此詩原寫於日治時期之明信片上，郵戳『14・9・30』，作舟先生之詩稿
並錄有永靖人徐見賢、詹煌輝（一邨）之和詩。」則梅樵此作乃昭和 14
年（1939）9 月 30 日寄出。惟編者置此詩於昭和 19 年（1944）之列，應
有可議。今據其載郵戳之年代序列之。

〔註542〕黃拱五《拾零集文詩合編》頁 12。按：庚辰，乃昭和 15 年（1940）。

〔註543〕《風月報》102 期頁 23，昭和 15 年（1940）2 月 1 日。又見《詩報》昭和
15 年（1940）2 月 5 日，217 號頁 24。

〔註544〕《詩報》昭和 15 年（1940）2 月 18 日，218 號頁 2。

〔註545〕《詩報》昭和 15 年（1940）3 月 1 日，219 號頁 3。題下原註：「得元字」。

詩爲紀遊吟更逸，春因近臘氣漸溫。

放懷且莫分賓主，騁意何妨共笑言。

珍重年年頻聚首，天涯地角免銷魂。

種菜〔註546〕

從事蔬畦日閉門，荷鋤攜寶歷晨昏。

漸看半畝青鋪地，旋喜成行白露根。

好佐蘋繁供祭祀，冀防飢饉卹藜元。

而今價值方昂貴，老圃居然富一村。

壽酒〔註547〕

酒泉枯渴久無源，俗釀沾唇亦憚煩。

難得壽星長照命，喜逢佳士共傾樽。

晚年猶覺精神旺，薄酌幾疑氣候溫。

下馬入門應一笑，滄桑歷劫有靈萱。

祝劉太君陳孺人古稀〔註548〕

佳節過冬至，瓊筵聚客星。母賢承帝眷，

子孝祝遐齡。瑞氣生萱室，祥光繞桂庭。

登堂同獻頌，長此益康寧。

賽馬〔註549〕

馳驅爭先奪首籌，環觀人孰識驊騮。

霜蹄暫蹶休輕視，僥倖駑駘博狀頭。（一）

銜枚疾走興悠悠，捷足錐心各未休。

莫謾當場論勝負，由來駿驥重千秋。（二）

茗園小集呈醉雲君〔註550〕

〔註546〕《詩報》昭和15年（1940）3月1日，219號頁8。東墩吟社擊缽。得第左四右避。

〔註547〕《詩報》昭和15年（1940）3月1日，219號頁13。傳藜書閣雅集，祝劉母古稀。得第右七左避。《風月報》104期頁33，昭和15年（1940）3月4日。

〔註548〕《風月報》105期頁27，昭和15年（1940）3月15日。

〔註549〕《詩報》昭和15年（1940）3月20日，220號頁8。東墩吟社擊缽次唱，分別得第左三右八、左五右六。

〔註550〕《詩報》昭和15年（1940）3月20日，220號頁14。題下原註：「拈魚韻」。又見《風月報》107期頁32，昭和15年（1940）4月15日。

偷閒便想到幽居，好客陳遵笛未除。

隙地半弓新種藥，曇天一夕慣求魚。

囊中久著長生論，門外時停長者車。

笑掬甘泉供煮茗，興來補讀古人書。

秀才李昌期先生傳 〔註551〕

先生字洛川，南投郡草屯人也。性莊重不佻，好讀書。及冠設帳講學，弟子從遊者眾。年三十五，舉秀才，蜚聲庠序，鄉人亦與有光焉。先生學問經濟兼擅其長，里（黨）咸推爲泰山北斗。明治二十八年，臺灣改隸帝國版圖。當局耳其名，且知有政事才，遂選用之。是年一月，拜命北投堡保良局局長。三十年，南投辦務署第九區區長拜命。三十二年，草鞋墩街長拜命兼分校教員。三十三年，任日本赤十字社臺中支部南投委員分區委員。三十五年，臺灣總督賜佩紳章。又任土地調查事業，輔翼功勞不尠，賞狀付與。旋蒙阿片煙膏取扱業指定。三十六年，第五回內國博覽會名譽贊助員，徽章付與。同年，南投廳草鞋墩街區長拜命，又同街公學校校舍新築委員之命。三十八年，草鞋墩區土地整理組合委員長拜命。同年，義勇艦隊建設臺灣委員部南投支部委員拜命。同年，草鞋墩米穀改良組合長當選。三十九年，義勇艦隊建設醵義金徽章付與。四十年，地方委員囑託。四十一年，日本赤十字社木盃受領。四十三年，草鞋墩庄區長拜命。同年，中央製糖會社原料顧問囑託，又任公共埤圳組合險圳主事。

大正二年，明治製糖會社南投分工場原料事務囑託。三年，草鞋墩信用組合理事選任。四年，臺灣總督府以區長十年勤續功勞，木盃付與。同年，臺灣勸業共進會玄米出品審查荐告金牌賞與，又臨時臺灣戶口調查事務補助，其勞不尠，賞狀授與。五年，明治神宮奉幣社臺灣支部，南投地方明治神宮奉幣社委員囑託，又明治製糖會社南投分工場囑託，又臨時徵收事務囑託，又畜牛保健組合地方委

〔註551〕本傳爲草屯陳光瑩先生採集自李氏墳側碑記，並予慨示，敬致謝忱。又參：陳光瑩《洪棄生詩歌研究》頁38。高雄師範大學國文研究所博士論文，2003年6月。

員命任，又南投委員部收入委員兼務囑託。六年，險圳水租徵收事務囑託。七年至九年，煙草賣捌人指定。九年，官制改正，區長休職，遂命任草屯庄協議會員。十年，州稅調查委員命任。同年，元區長十年以上勤續，其功勞表彰，銀盃下賜。十一年，州稅調查委員命任。十二年煙草賣捌指定三年間。同年，北投新圳評議員當選，又龍泉圳囑託之命，又龍泉圳水利組合評議員當選。十三年，遂任水利組合委員。同年，草屯庄協議員命任。十五年，草屯庄協議員重任。

昭和三年，北投新圳評議員，又龍泉圳評議員均當選。同年，煙草賣捌人指定，又命任草屯庄協議會員。總督以十五年間名譽職，在職中始終一貫，公務盡瘁，功績不尠，適逢御大典盛典，銀盃一個授與，以表彰之。四年，臺中州指定道路開鑿，南投郡地方委員囑託。五年，右者農村之農業發達小作人等協力農村福祉增進，俾遠近耕夫取範置時，計一個授賞表彰。昭和三年十月，臺灣臺中州南投郡草屯庄教育施設費金貳萬元寄附。依大正七年九月十九日敕定紺綬褒章下賜表彰，仍命任草屯協議會員。六年，興農倡和會總代選定，又煙草賣捌人指定。七年，命任草屯庄協議會員。八年，興農倡和會總代選任。九年，草屯信用販賣購買利用組合理事當選。同年，組合長當選。又草屯庄教化委員囑託。十年，始政四十周年臺灣博覽會評議委員委囑，本會委員委囑。臺灣總督以多年教育及社會事業盡瘁，功勞不尠，茲逢始政四十周年，花瓶一個授與。表彰多年蓬萊米改良發達盡瘁，臺灣產米發展國家食糧問題解決，聊贈呈紀念品為功勞表彰。十二年，國防資材獻納，不勝感謝，聊表深厚謝意。十三年，水利組合評議員三期以上引續在任，其功績顯著，依本會表彰規程表彰花瓶一個贈呈。

先生努力於國事四十餘年，終始一致，其偉績可垂諸史冊，宜乎後起多賢孫曾繁衍，天之報先生亦厚矣。先生不祿，年八十有二。凶耗一傳，遠近傷悼，非特里閭鄉黨涕泣已也。余與先生於癸巳科同受顧鼎臣學使之知，誼屬同案。先生素行，知之最稔。爰不揣固陋而為之傳。

　　　　　　昭和十五年春吉旦　　案弟　施梅樵　竝書

先平忠愛繫深衷，輔政多年秉至公。

勳得閭里齊頌德，秀才不失舊家風。（梅樵）

能消清福得長生，奉職勤勞本至誠。

身後官民皆感泣，始知吾輩重留名。（可白）

次韻（吳醉蓮〈喜施梅樵先生來遊〉）〔註552〕

詩債文魔年復年，題襟今尚記江邊。

鏡中自覺繁霜鬢，依舊心同鐵石堅。

留別南陔諸吟侶〔註553〕

徹宵筆戰不辭勞，直把微蟲視二豪。

詩稿壓裝歸亦得，只防市俗笑詞曹。

重遊南投賦贈諸君子〔註554〕

前遊回首渺如煙，一別南崗已數年。

今日重來非故我，山靈應亦笑華顛。（一）

南陔人物本多才，不惜驅車一度來。

得共筆談堪慰藉，居然茅塞幾分開。（二）

連理枝〔註555〕

交柯玉樹並高低，歷盡風霜念不迷。

最愛飛飛同命鳥，百年枝上喜雙栖。

訪范良銘君賦贈〔註556〕

有志明知事竟成，十年辛苦費經營。

良田華屋償奢顏，高唱低吟樂一生。（一）

家庭和順境□佳，俯仰寬舒□老懷。

但得養生真妙訣，優游歲月正無涯。（二）

〔註552〕《詩報》昭和15年（1940）5月8日，223號頁5。
〔註553〕《詩報》昭和15年（1940）5月8日，223號頁5。
〔註554〕《詩報》昭和15年（1940）5月8日，223號頁5。
〔註555〕《詩報》昭和15年（1940）6月27日，226號頁14，得第左三。怡園擊缽錄，祝蔡漢威醫學士吳燕生女詩人婚禮。
〔註556〕《臺灣日日新報》第14477號8版，昭和15年（1940）7月2日。刊於臺日漢詩壇。

次韻（黃傳心〈寄懷施梅樵詞宗〉）〔註557〕

　　旋轉如珠顆顆圓，每逢名勝喜停鞭。

　　雄心得挽強弓力，正氣漸移造物權。

　　漫道天衣雲可補，方知山溜石能穿。

　　憂時聊效鮫人泣，風雨淒清入管絃。

泛舟〔註558〕

　　江干一望水悠悠，放櫂偷閒賦薄遊。

　　雲影波光相掩映，吟情客思爲勾留。

　　扣舷正恐交而舞，垂釣應同漁父謀。

　　萬里海天客避跡，人間何處見滄洲。

雁字〔註559〕

　　卻疑濡墨向天河，寫盡秋光意匠多。

　　筆跡居然題塔樣，排行次第便飛過。

過汾津吟社賦示諸賢〔註560〕

　　踾踖乾坤莽浪遊，才名遠不及南州。

　　老猶故我常思夏，熱不因人獨感秋。

　　大劫艱危同壓卵，此心搖動等虛舟。

　　詞場徵逐知無謂，小技雕蟲強唱酬。

秋讌〔註561〕

　　鼓瑟吹笙滌酒巵，主人熟讀鹿鳴詩。

　　此邦原是敦風雅，禁不嘉賓快朵頤。（一）

　　裙屐聯翩集一時，笙簧酒醴享多儀。

　　良宵如此好風月，座客誰人不展眉。（二）

〔註557〕《詩報》昭和15年（1940）7月15日，228號頁2。

〔註558〕《詩報》昭和15年（1940）8月16日，230號頁9。怡園擊缽錄，得第左十右避。

〔註559〕《詩報》昭和15年（1940）10月1日，233號頁18。嘉義麗澤吟社，歡迎梅樵、鴻飛、水謀、炳圭、培坤、龔伴諸先生，分別得第右眼左避、右四左避。

〔註560〕《詩報》昭和15年（1940）10月18日，234號頁4。

〔註561〕《詩報》昭和15年（1940）10月18日，234號頁16。汾津同人秋季擊缽，歡迎施梅樵、朱苔亭兩先生，分別得第右一左避、右二左避。

旅鴈〔註562〕

　　唼蘆今甫過瀟湘，豈爲充飢覓稻糧。

　　關塞秋來風力緊，莫偏任意久翔翔。（一）

　　每傳書信到邊疆，歲歲秋深累汝忙。

　　遍地殺機增繳罥，回頭應亦戀衡陽。（二）

疊韻書感賦似永東、靜園、笷客、元胡、夢仙諸子〔註563〕

　　元氣百年猶自保，微恩一飯亦相酬。

　　艱難身世愁千斛，併入滄溟匯合流。

遣懷〔註564〕

　　炎威滌盡已秋殘，七尺精簾透薄寒。

　　筆墨未能供國稅，詩書畢竟誤儒冠。

　　學仙只乏〔註565〕分身術，致富難求換骨丹。

　　口腹累人胡底止，自家警省忍加餐。（一）

　　舌在何須口輒禁，有詩任意且狂吟。

　　艱難困苦無生理，勉強支持未死心。

　　每爲呼庚求白米，漫云浪子換黃金。

　　年過七十猶奔走，芊芊愁懷坐夜深。（二）

登定軍山〔註566〕

　　天留勝景助詩雄，莫大乾坤在眼中。

　　嶺表蒼松懸曉日，峰坳黃葉戰秋風。

　　飛飛早有離巢鳥，唧唧還多應候蟲。

　　遙望人家千百戶，炊煙縷縷接晴空。

和靜園詞友賦歸韻〔註567〕

　　也同彭澤令，解組賦歸來。

　　宦海身如寄，名場首忍回。

〔註562〕《詩報》昭和15年（1940）10月18日，234號頁23。菱香吟社，詞宗擬作。
〔註563〕《詩報》昭和15年（1940）11月2日，235號頁4。
〔註564〕《詩報》昭和15年（1940）11月19日，236號頁2。
〔註565〕「乏」，原作「久」，疑誤，暫擬代之。
〔註566〕《詩報》昭和15年（1940）11月19日，236號頁2。
〔註567〕《詩報》昭和16年（1941）1月1日，第239號頁30。刊於新高紀遊。

農桑成大業，著述屬天才。

壽世相期許，行當築嘯臺。（一）

自知腰腳健，只愧鬢毛斑。

偶遂群龍戰，便同倦鳥還〔註568〕。

我材原碌碌，人事付閒閒。

指日高軒過，迎賓合啟關。（二）

故詩人林茂才植卿先生弔詞〔註569〕

昭和十六年一月四日，為植卿先生出殯之期。僕與先生有舊，亦從諸詩人之後，登堂執紼，慘目傷心，不能已之於言。蓋先生與僕締交二十有八年，平日時相過從，毫無猜忌。或有時暌違兩地，亦以魚雁相問訊。文字之情，有逾於骨肉也。先生去春抱恙，適僕南游經旬，歸越三日至臺中造訪，而先生已占勿藥矣。不謂病根未除，忽去忽來，自夏而秋而冬，西漢醫藥，均無見效，僕心焉繫之。或一二日往視，或三五日往視。癡望吉人天相，永締筆墨之緣。詎意二豎禍人，回生無術，竟於元旦遽歸道山。僕聞凶，乘夜赴寢門參香。撫今思昔，涕淚交并。念先生平胸懷曠達，不趨勢利。遇有窮困者，傾囊與之無德色。以視世之輕貧重富者，大有天淵之別矣。先生善飲能吟，著作頗富。病中以詩稿囑僕刪訂，付諸剞劂，俾免沒世無名。可見先生之志，在千秋不在一日也。先生老境殊佳，甘同啖蔗。子女成行，孫曾繞膝。又享七十八歲之高壽，庠序中人。誰可企及。今雖不緣〔註570〕，亦可含笑於九泉矣。

喜晤萱草詞兄〔註571〕

一鶴遙天乍倦翔，歸途此地駐吟裝。

袖來湖海新詩卷，貯滿登臨古錦囊。

遠別家山經幾月，重逢鬢髮已微霜。

故人握手欣俱健，破寂還看窈窕娘。

〔註568〕原註：「中秋前赴興亞吟社詩會。」
〔註569〕《詩報》昭和16年（1941）2月18日，第242號頁22。
〔註570〕「緣」，原作「緣久」，疑誤，暫擬代之。
〔註571〕《詩報》昭和16年（1941）3月2日，第243號頁4。刊於詩壇。

席上贈萱草君次說劍韻〔註572〕

道是詩豪與酒豪，琴心劍膽捲波濤。

美人香草留題遍，大陸歸來眼力高。

插梅〔註573〕

有客遊羅浮，香氣襲襟裾。此日賦歸來，折梅過吾廬。

春色原可人，春信終不虛。桃李滿門墻，花開猶徐徐。

惜乎盆盎空，無以慰閒居。欲學孟襄陽，尋梅曾騎驢。

欲學林和靖，妻梅樂居諸。膽瓶位置間，點綴力不餘。

倘移植園中，我亦願荷鋤。暗香浮動時，欣適意如如。

祝大同吟社十週年〔註574〕

樹幟騷壇已十春，江山靈秀萃人才。

此行得與瓊林宴，老眼而今又一新。

寄廬遺稿序〔註575〕

人生無百年不死之身，名山有千秋不朽之業。古人閉戶著書，良有以
也。吾友林湜卿先生，名培張，羅山人，前清舉秀才。襟懷豪放，不
屑屑於章句之末。改隸後，遂廢科舉。島內詩學盛行，先生見獵心喜，
時有吟詠。厥後移居臺中，與余時相過從。花晨月夕，朋儕唱和，詩
成一見，便棄去不事收拾。即或抄錄成卷者，多半遺失。去　秋先生
抱恙，時常到寄廬問疾。先生乃以詩稿諄囑余爲選取。可者留之，不
可者去之。且謂平生無所見長，一思君子疾沒世而名不稱之意，追悔
莫及。先生素工駢體文，惜何曾留片羽。此詩經余刪訂，僅存三百篇，
亦不幸中之幸也。其少君建寅、惠、建文、斌、墩生、善體父志，欲
付諸乎民，爰乞余爲綴數言於卷端，聊可慰亡友於九泉焉爾。

　　　　　　　　　　　民國三十年上巳施梅樵拜序於捲濤閣

〔註572〕《詩報》昭和 16 年（1941）3 月 2 日，第 243 號頁 4。刊於詩壇。以其號少
　　　　白發表。

〔註573〕《詩報》昭和 16 年（1941）3 月 2 日，第 243 號頁 22。得第左眼。心社潛
　　　　廬讀舍客題，左詞宗林灌園、右詞宗李石鯨。

〔註574〕《詩報》昭和 16 年（1941）3 月 2 日，第 243 號頁 28。刊於二南詩話。

〔註575〕本文編年據梅樵自署序文完稿日期，爲民國三十年上巳，即昭和 16 年（1941）
　　　　（1941）3 月 3 日。本序收錄在林培張著，施梅樵刪訂《寄廬遺稿》頁 1。臺
　　　　北：龍文出版社，2001 年 6 月初版。

次韻酬雲翔 〔註576〕

無聊生計只謳吟，一字難售一寸金。
自愧別腸偏忌酒，非因顫手莫張琴。
時艱漫說如椽筆，年老猶存不屈心。
尚有名山堪養晦，破衣欲補且穿鍼。

老屋 〔註577〕

豪宗貴胄舊門闌，鼠蠹無侵免浩歎。
幾度滄桑經浩劫，行人猶想古衣冠。

謹次顏笏山詞兄七十書懷元玉 〔註578〕

聞名久未挹清暉，一例窮途失所依。
殘卷刦餘論價賤，古琴世上賞音稀。
閒來與客談虞夏，老至任人說是非。
容易春風過上巳，桃花開後錦鱗肥。

春日草草堂雅集 〔註579〕

花花世界正斯時，草草堂中共賦詩。
日暖風和天氣好，窗明几淨客情怡。
一門儒雅邀青眼，兩代交遊憶白眉。
道德聲名推里黨，賓筵借獻酒盈卮。

陳母朱安人傳 〔註580〕

山川靈秀之氣，鍾於士者為才，鍾於女者為德。有才者，必得其名。
有德者，必得其壽，固也。安人為朱天錦翁令次媛，翁則東港望族
商界長者。家法慕嚴，鄉人爭推重焉。安人幼嫻姆訓，習內則，為
鄉里所嘉許。年二十五，歸陳道南先生。先生與余同受知於顧鼎臣
學使，遂舉秀才。品學兼優，蜚聲庠序。安人善理家政，奉伯母如

〔註576〕《詩報》昭和16年（1941）4月18日，第246號頁4。刊於詩壇。雲翔作〈席
　　　　上呈梅樵先生〉見該報同版。

〔註577〕《詩報》昭和16年（1941）4月18日，246號頁15。汾津擊鉢錄，左詞宗
　　　　擬作。左詞宗施梅樵，右詞宗黃南勳。

〔註578〕《風月報》129期頁26，昭和16年（1941）5月1日。

〔註579〕《詩報》昭和16年（1941）5月19日，248號頁6，得第左三右避。

〔註580〕《詩報》昭和16年（1941）6月4日，第249號頁22。刊於文苑。

姑嫜，事夫子以敬，御下以寬。凡親戚族鄙之往來，禮儀尤備。至
貧困者，則周恤之，未嘗稍形德色，其宏量人所難及。先生有內助
之賢，得以潛心經史。他日撥巍科登仕途，固意中事。

不料世變滄桑，秋闈遂廢。先生年五十，遂歸道山矣。當時蒙嗣寄
生年未弱冠，次敏生年十六，三銓生甫十歲，四荻生甫五歲。安人
撫孤志切，教育兼施。爰以家政命寄生措理，知聰明可勝其任。餘
子則命肄業上級學校。不數年敏生畢業醫專，銓生畢業師範，再負
笈東京畢業法政大學法科。惜乎天不永年，有辜鞠養。荻生畢業日
本大學工學部。一家俊秀，超越尋常。安人得不顧而樂之耶！寄生
能詩，尤工書法，名噪一時，可謂能讀父書矣。現任庄協議會員，
兼漁業組合長。其事母純孝，與諸弟尤極友愛。家庭之內，其樂融
融。安人處蔗境之甘，含飴繞膝，舞綵承歡。是以行年七十有二，
健步不藉鳩扶。論者謂福壽並臻，微安人之懿德不及此。傳曰：
廣大博厚，爲坤之維。鎮靜幽貞，植福之基。積善獲報，天道無虧。
宜錫遐齡，預祝期頤。

津山榮一〔註581〕

津橋春水自悠悠，山色青蒼倒影流。
榮祿何曾紛素志，一生著作可千秋。

次韻（楊石定〈訪施梅樵先生〉）〔註582〕

春陰怡是養花天，種橘爲奴數及千。
難得詩人偏枉顧，一杯薄酒話從前。

應社雅集賦質在座諸君子〔註583〕

吟侶經年會面難，何期接踵上詞壇。
談風說月成新詠，分韻拈題續古歡。
自有名山眞事業，漫因濁世太悲酸。

〔註581〕《風月報》麗澤吟社132期頁30，昭和16年（1941）6月15日。又見《詩
　　　　報》昭和16年（1941）9月6日，第255號頁12。麗澤吟社　祝天福詞兄
　　　　改姓名，冠頭。詞宗擬作。
〔註582〕《詩報》昭和16年（1941）6月22日，第250號頁6。刊於詩壇。楊石定作
　　　　見該報同版。復見於《詩報》251號頁9。
〔註583〕見《南方》135期27頁，昭和16年（1941）8月1日。

老來慚覺同群少，無限愁懷藉酒寬。

席上敬和詩瓢原玉〔註584〕

休論揭地與掀天，壯志銷沈年復年。
舞劍世爭說歐冶，彈琴人未遇成連。
不求利達心同佛，無繫憂愁骨是仙。
欲和陽春原匪易，如虹大筆寫雲箋。

祝楊石定詞友弄璋〔註585〕

英物而今喜挺生，何須入室試啼聲。
他年跨竈應如願，且莫庸庸卻看輕。

次韻〔註586〕

酒興方酣日色收，一時吟侶滿高樓。
老夫別有寬懷法，只解歡娛不解愁。

贈湘蘋詞兄〔註587〕

地老天荒奈世何，傷時只作五噫歌。
與君喜訂忘年契，高誼豪情讓汝多。

祝寶桑吟社社長洪特授翁六秩晉一〔註588〕

側身東望啓明星，霞彩雲羅作錦屏。
酣戰商場家已富，主盟詩社德尤馨。
最難兒女工吟詠，且喜山川毓秀靈。
卻願更添年卅九，爲君遙祝享遐齡。

拾零集序〔註589〕

自六經之義不明，文章日趨於萎靡，詩歌漸涉於邪淫。求其文出

〔註584〕《南方》138 期 29 頁，昭和 16 年（1941）6 月 15 日。詩瓢〈席上呈梅樵詞
　　　丈〉見該刊同頁。
〔註585〕《南方》143 期頁 25，昭和 16 年（1941）12 月 1 日。又見《詩報》昭和 16
　　　年（1941）12 月 17 日，第 262 號頁 8。刊於詩壇。
〔註586〕《南方》144 期：37 頁，昭和 17 年（1942）1 月 1 日。
〔註587〕《南方》144 期：37 頁，昭和 17 年（1942）1 月 1 日。
〔註588〕《南方》145 期頁 32，昭和 17 年（1942）1 月 15 日。又見《詩報》昭和 17
　　　年（1942）1 月 20 日，264 號頁 2。
〔註589〕黃拱五《拾零集文詩合編》，1942 年刊本。

於正，詩本於雅，已寥寥不可多覯矣。吾友黃拱五先生，聰明天授，情性春和。司筆報界者三十餘年，文藝之超然特出，久爲吾黨所尊重。間或登臨名勝，花晨月夕，即景賦詩，復覺清新俊逸，如庾開府、鮑參軍之梗概。又熟讀香草箋、稻香村人諸集，故下筆時恍苹田、薌亭之大著焉。然先生之詩文不多作，作亦不甚收拾，是以存者絕少。先生與余定交二十年，往來毫無猜忌。昔年余以《捲濤閣詩草》發刊，近又將刊《鹿江集》，君始知著作爲一生心血，不堪拋棄。爰以平昔所存，付之手民，名之曰《拾零集》，明其少也。函囑余序。余不敏，第以先生與余交情深厚，爰略書數言，以附末光焉爾。

昭和十七年一月　施梅樵拜序於彰化古城南

春菊〔註590〕

不放三秋品更高，及春清賞備香醪。

小園佳色猶如許，陶令歸來興致豪。（一）

黃花偏藉東風力，開向籬邊氣倍豪。

消息倘傳彭澤宰，故園歸去不辭勞。（二）

歲暮書懷〔註591〕

風高霜重夜漫漫，板蕩乾坤歲欲闌。

剩有林泉供嘯詠，斷無文字救飢寒。

生逢離亂憑誰訴，老任憂勞強自寬。

從事丹鉛償宿債，摩挲枵腹豈忘餐。

追輓陳魯詹君〔註592〕

衰病經年月，騷壇足跡疏。三秋作遊客，兩度訪幽居。

死後無消息，生前忘毀譽。最憐猶有母，朝夕每欷歔。

〔註590〕《詩報》昭和 17 年（1942）3 月 17 日，268 號頁 17。壬午元夕擊缽吟錄，詞宗擬作。

〔註591〕《詩報》昭和 17 年（1942）4 月 3 日，269 號頁 2。

〔註592〕《詩報》昭和 17 年（1942）4 月 3 日，269 號頁 24。又見《南方》150 期頁 42，昭和 17 年（1942）4 月 15 日。

津山雙壽詩序〔註593〕

嘗讀洪範五福之章，其一曰：壽誠以壽也者，固因其人之善行而天以壽酬之也。末俗人多不德，無以造福壽之基，所以世上高壽者殊少，況夫婦偕老白頭，不亦戛戛乎。其難矣哉！嘉義津山肇君原姓施，鹿港人家。無中人產二十餘歲始客羅山，營商業歲家焉。厥後如倒啖蔗，漸入佳境。家道因之小康，有丈夫子四，皆各成其志。蒙嗣榮一善經營，又耽吟詠。門前多有長者車，素負重望。當道選舉為市議員，市民拍手相慶。今秋肇君還曆，及德配五旬誕辰，榮一兄弟議舉行內祝，且節費以寄附國民學校，救濟貧困兒童慈善之懷，允堪褒獎，又徵詩及全島，得投稿者三百餘篇。內祝之日遠近文人詞客獻頌及祝詩者數十人，可云盛且榮矣。欲付剞劂，亟索余序。余不佞，只紀其事實於卷首，非諛詞也。

昭和十六年辛巳秋日施梅樵拜撰

祝雙壽詩〔註594〕

仙人峯高原莫極，上距雲霄僅咫尺。

峯腰玉液迴環流，以下諸山各沾澤。

玉女一峯遙相對，峯前峯後多松柏。

山中自有好風光，手攜長欃種白石。

琪花芝草處處生，滿山未見俗人跡。

樓臺金碧仙人居，彤雲丹霞護第宅。

仙人於此事養生，鍊氣洗心免刑役。

蒼猿白鶴總忘機，相狎已慣日近側。

或喞火棗摘交梨，有此不愁無供給。

在山歲月久渾忘，靜裏優游意亦適。

風雲變幻海揚波，郊原遍地生荊棘。

銀河何日洗甲兵，浩劫紅羊世幾歷。

〔註593〕《津山雙壽詩》頁 1，嘉義津山榮一（原名施天福）父母雙壽紀念詩刊，昭和 17 年（1942）4 月發行。敦請施梅樵題序，並為封面刊名題簽。詩刊內容包含三單元：一、椿萱雙壽徵詩，詩題：「長生果」，左詞宗施梅樵，右詞宗黃拱五。二、津山壽堂擊鉢吟，詩題：「椿萱並茂」，左詞宗梅樵，右詞宗臥雲。三、各界祝壽詩歌。

〔註594〕《津山雙壽詩》頁 9。

時運奚須論通塞，但要此心存正直。

眼前得見好兒孫，各成其志無愧色。

父慈子孝樂天倫，夫和妻柔不乖隔。

堂上對此好家庭，怎不顏怡心悅懌。

伉儷清福享高年，繞膝含飴殊難得。

懸弧設帨值良辰，登堂獻頌來裙屐。

佳兒能詩好結交，晉酒預知三千客。

東籬菊花爛漫開，點綴秋光黃紫白。

騷人即景賦長篇，珠玉琳瑯堆几席。

階前競舞老萊衣，樂趣旁觀言嘖嘖。

從茲合繪長生圖，且乞曼倩為題墨。

壽星照耀在君家，各臻期頤壽盈百。

心花〔註595〕

滿胸茅塞幾經年，意蕊情苗總惘然。

我欲留題偏怒發，忽看朵朵倍鮮妍。（一）

子安腹稿即佳篇，詩膽文情本性天。

怒放有時原莫遏，不同凡卉只爭妍。（二）

春色〔註596〕

破睡群仙笑臉開，江流似雪勢瀠洄。

天然一幅丹青畫，不待營邱點綴來。

魚電〔註597〕

水面無聲魚避月，天心有怒電驅雷。

席中即事贈彩雲〔註598〕

客中無計遣寒宵，得汝清吟破寂寥。

但願移花須有主，莫教錯過好春朝。

〔註595〕《詩報》昭和 17 年（1942）5 月 6 日，271 號頁 9，分別得第右四、右五。
〔註596〕《詩報》昭和 17 年（1942）5 月 6 日，271 號頁 10，右四左避。
〔註597〕《詩報》昭和 17 年（1942）5 月 20 日，272 號頁 16，大同吟社，右一左二。
　　　　題下原註：「鶴膝格」。
〔註598〕《詩報》昭和 17 年（1942）6 月 5 日，273 號頁 8。

馬蹄聲〔註599〕

　　不與銜枚疾走同，橋西行過又橋東。

　　足音知有雄心在，還望他年助戰功。（一）

　　誰家鞭策趁春風，百戰沙場氣尚雄。

　　踏過板橋音格格，醒人偏在醉眠中。（二）

杜鵑花〔註600〕

　　年年哀怨咒東風，百鳥誰知此苦衷。

　　贏得啼時枯盡血，春深開到滿山紅。

嘉福旅次賦質諸吟侶〔註601〕

　　炎熱場中苦寄身，無端冒暑走風塵。

　　客樓舊雨逢秋宴，慚作題襟占席人。

夏郊晚步〔註602〕

　　築場納稼滿南村，斜日薰風出里門。

　　踏遍稻田初過雨，青鞋處處印雙痕。

秋光〔註603〕

　　西山如畫水微波，露白葭蒼思若何。

　　老至文情比秋淡，試看皓月鏡新磨。

邱仙根黃公度兩詩伯遺稿合刊序〔註604〕

　　天地誕降，英物固與，國家文獻相維繫者也。國運隆昌，才人備出。

　　若漢魏之有曹劉，南北之有鮑謝，唐之有李杜、有元白、有韓孟，

　　宋之有蘇黃，類皆以詩歌文辭名世。近代詩學日盛，雖僻壤遐陬。

　　牧夫豎子，亦解歌頌。香閨處女，繡閣名妹，亦嗜吟詠。風雅之感

〔註599〕《南方》麗澤吟社158期39頁，昭和17年（1942）8月15日。

〔註600〕《詩報》昭和17年（1942）8月18日，278號頁18，彰化吟社歡迎特授先
　　　　生次唱，得第右一。

〔註601〕《詩報》昭和17年（1942）9月1日，279號頁4。

〔註602〕《詩報》昭和17年（1942）9月1日，279號頁16。得第右一左十九。

〔註603〕《詩報》昭和17年（1942）10月26日，282號頁10，彰化應社二週年紀念
　　　　擊缽錄，得第右五左避。

〔註604〕施梅樵編，黃拱五校正，《邱黃二先生遺稿合刊》。臺中州：東亞書局，昭和
　　　　17（1942）年11月。

人如此。其廣未始非斯文得延一線之明徵也。

邱逢甲進士，字仙根，官工部主事，臺中州人。詩名聞海內外，與嘉應之黃遵憲字公度，官臬憲之詩相伯仲。此二老平生著作宏富，雖已作古人，余讀其遺篇，心爲之醉，不忍釋手。余每思有諸己者，不如公諸人。爰不辭數月之辛苦，親自抄謄，並妄爲選擇付之剞劂，斯集一出。俾島內之青年吟侶，熟讀詳味，便可日進無疆。則此集之益人，豈淺鮮哉！余不文，聊記其大略於卷端。

昭和十七年壬午六月施梅樵拜序

次笑儂韻並質應社諸君子〔註605〕

才人寄託自遙深，得誦新詩喜曷禁。
子美竸傳三禮賦，伯鸞曾作五噫吟。
揚風扢雅無遺力，繼往開來各匠心。
韻事即今追汐社，他年野史好搜尋。

贈曉齋〔註606〕

天教閒散老名山，筆硯何曾一日閒。
疑是前生修不到，爲償詩債落人間。

聞笛〔註607〕

何來嘹喨一聲聲，楊柳梅花總寫情。
逸響過雲天欲墜，愁人倚月夜方清。
山中忽動啼猿和，花下難禁倦鶴鳴。
三弄桓伊成底事，得教今日尚留名。

萊園雅集〔註608〕

樂趣端宜普大同，名園嘉會萃群雄。

〔註605〕《南方》165 期頁 37，昭和 17 年（1942）12 月 1 日。又見於《詩報》昭和 17 年（1942）12 月 7 日，285 號頁 16。
〔註606〕陳其寅，字曉齋。見陳青松〈梅樵與陳其寅忘年之交〉，《臺灣文獻・別冊》22 頁 63，2007 年 9 月。落款：「曉齋詞兄一哂　梅樵七十有三筆」。捲軸墨寶今存。原無題，爲便於稱引，因由編者代擬標題。
〔註607〕《詩報》昭和 18 年（1943）1 月 1 日，第 287 號頁 30，得第右元左避。嘉義麗澤吟社「歡迎施梅樵、陳子敏先生」，左詞宗施梅樵、右詞宗陳子敏。
〔註608〕《詩報》昭和 18 年（1943）1 月 18 日，第 288 號頁 3。刊於詩壇。

長篇有客文成鳳，高論何人氣吐虹。

歲晚猶存霜後菊，天寒不掩日邊楓。

清談容我頻揮塵，差免牢騷在寸衷。

次韻答諸君子〔註609〕

不辰自分合韜光，從事丹鉛坐草堂。

臨帖慣看蕉葉綠，療饑偏覺菜根香。

虛名慚愧傳遐邇，瑣事艱難較短長。

酷嗜讀書宵不寐，管他鄰女暗窺牆。

梅信〔註610〕

似有東風著力吹，月明數點在南枝。

聞香便識春將到，我與癯仙是故知。（一）

雪地霜天見一枝，春風將至已先知。

對花轉憶經年別，禁得相逢不展眉。（二）

天寒正值著花時，自別羅浮每繫思。

省識今年春事好，遞傳消息不愆期。（三）

壽梅村長光詞友服官誕辰即次原玉〔註611〕

無災無難即神仙，文字交游絕俗緣。

閱世既深仍復古，養生不怠合加年。

淡懷我愛陶弘景，趣事人傳衛濟川。

浩劫曾經身益健，懸弧遙誦九如篇。（一）

半百年華鬢未秋，忘機信可狎沙鷗。

海桑變換真難料，著作流傳得自由。

次第名□勞極目，古今殘卷讀從頭。

向平素願知將慰，每繫人間一點愁。（二）

久嘗靈藥葆真元，壯歲聞君得抱孫。

〔註609〕《詩報》昭和18年（1943）1月18日，第288號頁7。諸君子包括有尤瑞、
　　　　陳如璋、黃傳心、詹明澍等，諸子之作見該報同版。
〔註610〕《詩報》昭和18年（1943）1月18日，第288號頁18，左三、右四左九、
　　　　右十。彰化詩社週課，左詞宗黃溥造、右詞宗渭雄，署名「可白」。
〔註611〕《詩報》昭和18年（1943）2月1日，第289號頁3。刊於詩壇。

厭却繁華居近市，甘於寂靜隱荒村。

能符物望襟懷爽，不墜家聲德業尊。

繞膝含飴娛老境，天倫樂事付輿論。（三）

兩度漫遊每繫思，羨君侍膳有佳兒。

留賓且罄壺中酒，訪我都藏袖裏詩。

此日華堂開壽宴，一時吟侶普瓊卮。

交梨火棗爭先獻，竊願分甘快朵頤。（四）

櫟社四十週年紀念 〔註612〕

國風雅俗在文字，褒貶抑揚有取義。

能詩許上柏梁臺，頓使才人伸素志。

吾臺詩社今林立，當年櫟社先樹幟。

一時唱酬多能手，清眞雅正無不備。

及茲已閱卅星霜，時序推遷風景異。

何劉沈謝漸凋零，炳炳姓名留碑記。

旗鼓到此尚堂堂，捻知偏師堅且利。

冬日吟宴開名園，裙屐翩翩接踵至。

自愧老鈍百不宜，聊效蒼蠅一附驥。

萊園雅集 〔註613〕

天寒不掩日邊楓，清談容我頻揮麈。

差免牢騷在寸衷，樂趣端宜普大同。

名園嘉會萃羣雄，長篇有客文成鳳。

高論何人氣吐虹，歲晚猶存霜後菊。

訪梅 〔註614〕

紫萼綠萼記曾開，別後相思又幾回。

未及巡簷重索笑，羅浮山下且徘徊。

〔註612〕《南方》168 期頁 32，昭和 18 年（1943）2 月 1 日。又見《詩報》昭和 18 年（1943）3 月 10 日，第 291 號頁 8。刊於詩壇。

〔註613〕《南方》168 期頁 33，昭和 18 年（1943）2 月 1 日。

〔註614〕《詩報》昭和 18 年（1943）3 月 10 日，第 291 號頁 21，得第右九。彰化詩社週課，左詞宗渭雄、右詞宗克士，署名「可白」。

鏡杯〔註615〕

願將湖海爲杯勺，借取峰巒作鏡屏。

清敦先生枉顧並貽佳什謹次瑤韻奉答〔註616〕

高軒見過亦光榮，惠我詩篇玉〔註617〕比清。

薄酒不容留一醉，卻因遽別怨先生。

次韻〔註618〕

過從洽是上燈初，愧乏風光慰客居。

一夕清談良有以，相逢勝讀十年書。

首夏望日過菱香吟社彤雲邀余及傳心秋陽策強飲於東芳旗亭〔註619〕

娟娟月色逢三五，菱香詩壇誰盟主。循例望夜共攤箋，一詠一觴聚吟侶。風流叔度惠然來，主賓聯歡忘溽暑。攜手同登東芳樓，紅粉兩行欣得所。開懷暢飲且飛觥，惜非其時罷歌舞。佳人拇戰逞奇才，發聲如雷汗如雨。座客敗北默無言，娘子一軍洵勇武。吁嗟乎！男兒莫漫誇剛強，一怒直欲震四方。疾趨應早防蹶足，驊騮未敢恃騰驤。

枋寮換乘局營自動車〔註620〕

雜遝人如蟻，排行立曉暉。分明爭坐位，眞似打重圍。

海色連天碧，山光映石緋。多情雙白鷺，偏傍客車飛。

次韻（王養源〈遊卑南即景呈國本豐照先生〉）〔註621〕

鳥啼花發月當三，遊興吟情一樣酣。

如此風光堪入畫，謾誇煙景似江南。

遊東臺偶成呈諸詞客〔註622〕

覽勝驅車偶入山，山重水複不辭艱。

〔註615〕收在《崇聖道德報》第50號，詩畸，題下原註：「鳧脛格」。左詞宗謝雪漁評：「是何意態雄且傑。」昭和18年（1943）4月，臺北崇聖會出版部。

〔註616〕《詩報》昭和18年（1943）5月25日，第296號頁5。林清敦作見該報同版。

〔註617〕「玉」，原作「王」，疑誤，暫擬代之。

〔註618〕《詩報》昭和18年（1943）5月25日，第296號頁5。次韻前作。

〔註619〕《詩報》昭和18年（1943）6月7日，第297號頁2。刊於詩壇。

〔註620〕《詩報》昭和18年（1943）6月7日，第297號頁2。刊於詩壇。

〔註621〕《詩報》昭和18年（1943）6月7日，第297號頁6。王養源作見該報同版。

〔註622〕《詩報》昭和18年（1943）7月12日，第299號頁3。刊於詩壇。

老來自喜猶元氣，臨水登山視等閒。（一）

豔冶風光趁好春，此邦多是倦遊人。

我來恐被山靈笑，書劍行裝太率眞。（二）

江樓晚眺〔註623〕

萬方多難此登高，暮色蒼茫激怒濤。

來往隨潮浮彩鷁，綸竿絕伴釣金鰲。

仙山縹緲明三點，海屋巍峨派一篙。

手撥劫塵舒醉眼，憑闌俯仰興尤豪。

仲夏遊基隆訪道南君並與諸吟侶敘舊〔註624〕

連朝因雨忽開晴，甫卸行裝客思清。

相見群驚頭已禿，重來最喜集初成。〔註625〕

魚龍曼衍悲時局，猿鶴交游繫友情。

太息歸期偏短促，當筵樽酒且同傾。

東農招飲永樂旗亭喜賦〔註626〕

相將豪飲對春風，射覆藏鉤各逞雄。

得敘離情花解語，清狂我獨愛南豐。

贈廖本通大國手〔註627〕

匡時眞本領，懷古有奇才。

身世何須問，神仙謫降來。

秋曉〔註628〕

薄寒昨夜一衾增，客夢模糊記未能。

庭院梧桐雞唱罷，西窗猶露讀書燈。

〔註623〕《詩報》昭和18年（1943）7月12日，第299號頁15，得第右十左十三。
聲社，左詞宗笑儂、右詞宗渭雄。署名「可白」。

〔註624〕《詩報》昭和18年（1943）7月27日，第300號頁11。刊於詩壇。

〔註625〕原註：「《中原游草》已告成。」

〔註626〕《詩報》昭和18年（1943）7月27日，第300號頁13。

〔註627〕《詩報》昭和18年（1943）7月27日，第300號頁13。

〔註628〕《詩報》昭和18年（1943）9月7日，第302號頁16，得第右一左二。彰
化聲社週課，左詞宗渭雄、右詞宗金鐘。另，〈臺灣漢詩數位典藏資料庫〉
（http://www.literaturetaiwan.idv.tw/poetry/04/04_02/04_02_01.htm）誤植爲林
邊蕉香吟室，宜改。

次韻（廖璧鋒〈梅樵子敏漢津諸先生枉顧喜而有作〉）〔註629〕

　　小樓偏覺夕陽多，未〔註630〕慣趨炎苦若何。

　　竟累主人謀一醉，江鄉風味盡搜羅。

疊韻戲贈璧鋒〔註631〕

　　生怕夫人悔恨多，檀郎放浪究無何。

　　相期跬步時防却，床第分明勝鐵羅。

過南陔吟社蒙留飲賦謝〔註632〕

　　炎蒸經雨未消除，偶向南陔一駐車。

　　羨絕孟公能好客，不須彈鋏嘆無魚。

祝聲社三週年紀念〔註633〕

　　華麗詞章富典墳，偏師亦足壯吾軍。

　　苦心磨礪經三載，努力吟哦到十分。

　　風雅即今多後起，膠庠在昔乏同群。

　　騷壇奢望人文盛，探入輶軒耀梓枌。

癸未重陽〔註634〕

　　家祭逢重九，秋鱸想薦新。一年幾佳節，獨客尚風塵。

　　竟負登高約，無勞載酒人。故園花正放，歸思感頻頻。

醉月樓席上遇桔紅女士作〔註635〕

　　老來依舊是矜狂，蹤跡詞場又酒場。

　　越席不妨公子妬，微言轉益故人傷。

　　七年顏色憐猶好，萬種恩情喜未忘。

　　多事終宵頻灑淚，直教分手向朝陽。

〔註629〕《詩報》昭和18年（1943）10月11日，第304號頁3。刊於詩壇。廖璧鋒
　　　　作見該報同版。
〔註630〕「未」，原作「來」，疑誤，暫擬代之。
〔註631〕《詩報》昭和18年（1943）10月11日，第304號頁3。刊於詩壇，署名「可
　　　　白」。
〔註632〕《詩報》昭和18年（1943）10月11日，第304號頁7。
〔註633〕《詩報》昭和18年（1943）10月11日，第304號頁13。「週」，原誤作「缸」，
　　　　今改。
〔註634〕《詩報》昭和18年（1943）11月1日，第305號頁2。刊於詩壇。
〔註635〕《詩報》昭和18年（1943）11月1日，第305號頁2。刊於詩壇。

與陳林二君話舊 〔註636〕

些時聚首共談詩，咫尺何須怨別離。

轉瞬秋風涼意到，定知坐對展雙眉。

松聲 〔註637〕

謖謖風生暮色深，山中不改歲寒心。

有時爵勃舒歌嘯，猿鶴多情合賞音。（一）

一片驚濤響夜深，卻疑風雨助龍吟。

空山勁節無人賞，偶向仙禽略寫心。（二）

賦贈曉菴詞兄 〔註638〕

相逢自愧鬢如絲，放誕由來百不宜。

東道主偏情懇摯，勸人飲酒勸吟詩。

次韻（黃坤松〈再呈施梅樵詞長〉） 〔註639〕

狂潮終莫撼長城，決勝男兒信畢生。

立定乾坤不搖動，百年依舊保宗盟。

次韻（朱傳明〈喜施梅樵夫子枉顧〉） 〔註640〕

吟侶相將曳杖來，登山臨水好相陪。

主人雅有陳遵癖，投轄何曾肯放回。（一）

偶從壇坫博虛名，傾蓋論交轉繫情。

賺得東家供醉飽，夜深猶聽按歌聲。（二）

次韻（黃坤松〈歡迎施梅樵詞長即席呈斲〉） 〔註641〕

短笛聲吹韻抑揚，蘭亭修禊憶留觴。

〔註636〕《詩報》昭和 18 年（1943）11 月 1 日，第 305 號頁 9。

〔註637〕《詩報》昭和 18 年（1943）11 月 20 日，第 306 號頁 20，分別得第右五左七、右七左九。彰化聲社週課，左詞宗清潤、右詞宗笑儂。

〔註638〕《詩報》昭和 18 年（1943）12 月 8 日，第 307 號頁 3。刊於詩壇。曉菴作見該報同版。

〔註639〕《詩報》昭和 18 年（1943）12 月 8 日，第 307 號頁 3。刊於詩壇。黃坤松作見該報同版。

〔註640〕《詩報》昭和 18 年（1943）12 月 8 日，第 307 號頁 3。刊於詩壇。朱傳明作見該報同版。

〔註641〕《詩報》昭和 18 年（1943）12 月 8 日，第 307 號頁 3。

一時裙屐成嘉會，滿座文星發異光。

瓶桂〔註642〕

分明金粟是前身，誰向蟾宮折下頻。
安置銅瓶供佛案，不容穢俗把香塵。

宿中壢賦贈大東吟社諸君子〔註643〕

覽勝纔從此地來，風光旖旎淨無埃。
溪山佳氣鍾人物，詞賦清音見作才。
觴詠聯歡忘永夕，主賓交契會高臺。
悠然醉臥偏無夢，一任門前繡綠苔。

謹次許迺蘭詞長七十書懷玉韻〔註644〕

才人胸次有陽秋，用舍行藏一笑休。
善政及今懷卜宓，潔身自古仰巢由。
豪情直似雲摩鶴，健步無須杖藉鳩。
詩學振興憑鼓吹，藹然和氣服吟儔。（一）

平生足跡遍名區，大典參觀入帝都。
閱歷既深才愈大，往來無忌意交孚。
移風易俗如操券，取義成仁不惜軀。
欲挽狂瀾憐隻手，哀鴻待哺一嗟吁。（二）

美舉當前喜玉成，細微曲體及輿情。
騁懷遣興詩頻賦，對客談心酒偶傾。
疾病全除神愈旺，勳名克副世皆榮。
家居坐享天倫樂，始信先生善養生。（三）

甘雨和風偶爾逢，迺園多種萬年松。
詩人丰度原矜貴，吉士威儀自肅雍。
隱見分明覘氣節，嘯歌大好拓心胸。
幽居養靜長生術，隔斷塵寰幾萬重。（四）

〔註642〕《詩報》昭和18年（1943）12月8日，第307號頁12。得第左二右避。東山擊鉢吟，左詞宗灌園、右詞宗施梅樵。
〔註643〕《詩報》昭和19年（1944）1月1日，第308號頁8。
〔註644〕《詩報》昭和19年（1944）1月1日，第308號頁16。

睡起〔註645〕

　　誰道邯鄲可久淹，黃粱一夢轉猜嫌。

　　鳴雞催展朦朧眼，明月殘更尚掛簷。

祝螺溪吟會十週年盛會〔註646〕

　　文陣雄獅夙有名，迄今詩學益昌明。

　　匡扶風雅推能手，勝會方知仗主盟。

新菊〔註647〕

　　歲歲秋來萬慮捐，只思老圃蕊爭妍。

　　而今不意花初放，行到東籬著眼先。

次韻（梁盛文〈喜晤施梅樵詞長賦呈〉）〔註648〕

　　碩望詞壇重斗山，生平著作幾經刪。

　　伯鸞家學洵能繼，壽世奚堪視等閒。（一）

　　怪底儒林什襲藏，清詞麗句自央央。

　　即今風雅漸蕭瑟，得此佳篇放異光。（二）

冬日張瀛洲吟友過訪喜而有賦〔註649〕

　　昨日天寒今日晴，高高夕照掛古城。

　　庭前樹梢喜鵲鳴，有客停驂扣柴荊。

　　相見投刺道姓名，笛潭〔註650〕次逋〔註651〕其先生。

　　一別倏忽廿載經，禁不胸次鄙吝萌。

　　此來敢憚百里程，但得話舊意氣平。

　　愧余未盡地主情，匆匆又向鹿江行。

　　歲聿云暮年將更，有約新春復踐盟。

　　端合倒徒出門迎。

〔註645〕《詩報》昭和19年（1944）1月19日，第309號頁18，聲社課題，得第左五，署名「可白」。

〔註646〕《詩報》昭和19年（1944）2月11日，第310號頁4。「盛」字原作「勝」，疑誤，今改。

〔註647〕《詩報》昭和19年（1944）2月11日，第310號頁16，得第右三。

〔註648〕《詩報》昭和19年（1944）3月1日，第311號頁3。

〔註649〕《詩報》昭和19年（1944）3月20日，第312號頁2。

〔註650〕原註：「陳少圃先生」。

〔註651〕原註：「林植卿先生」。

留別大東吟社諸君子〔註652〕

一見忘形跡，談詩到夜深。不堪供醉飽，縛住此歸心。

俯仰均無賴，秋來恨更深。庸人誰解得，未肯負初心。

黃瑞符公百歲冥壽追弔辭〔註653〕

昭和十八年十二月四日，即古曆十一月初八日，爲　故進士老世伯黃瑞公百歲冥壽。世姪施梅樵具心香一瓣，致祝公在天之靈曰：

嗚呼！自公作古，以迄於今，屈指已五十五年矣。公生前與先嚴道義交，情逾骨肉，視世姪如子。當十四、五歲時，初學作文，公諄諄訓誨作法。且示以讀史鑑爲先，繼讀古文左傳。若制藝則宜讀天崇春霆，作文方有氣魄，不落凡庸。公之以遠大相期許者，。至深切矣。戊子之變，世姪與舍弟寄居錢江。公於已丑孟春，欲赴春闈，乘舟由梅林上陸。逕至錢江相訪，三宿而後別。愛我情深，無微不至。及泥金報捷，恨隔重洋，未能登堂致賀，抱歉不可言狀。誰料不數月，而公已赴修文之弔。凶耗忽至，無限驚惶。嗚呼痛哉！倘天假之年，時加誥誡。世姪或可求進境，以副公冀望之殷。誰意滄桑屢變，風鶴頻驚。吾道不行，斯文將喪。九原可作，當亦蒿目時艱而欷歔不置焉爾。茲逢祭典，謹上蕪詞，伏祈垂鑒。

次帯亭韻〔註654〕

誰料無情風雨妒，百花生日轉愁人。

怕他逆旅增鄉思，藉此清言撲俗塵。

老至未除薑〔註655〕桂性，歲寒好保柏松身。

古今物理供推測，天氣溫和正及春。

茶煙〔註656〕

汲泉煮茗佐賓筵，好是春陰未雨天。

一縷穿簾看裊裊，隨風香味到樽前。

〔註652〕《詩報》昭和19年（1944）3月20日，312號頁5。

〔註653〕《詩報》昭和19年（1944）3月20日，312號頁22。

〔註654〕《詩報》昭和19年（1944）4月9日，313號頁2。

〔註655〕「薑」，原誤作「姜」，今改。

〔註656〕《詩報》昭和19年（1944）4月9日，313號頁12，得第右三左七，署名「可白」。

次謝金生元韻〔註657〕

半耕半讀計殊長，訪我偏勞到草堂。

小恙避人床上臥，新詩有客袖中藏。

茗煙縷縷從吹亂，花氣微微得領香。

坐對閒談容脫稿，水晶簾尚幾分光。

次韻（林振窗〈五十述懷〉）〔註658〕

飽歷風塵鬢未秋，不勞俊乂更旁求。

奮飛志似雲中鶴，樂趣情同水上鷗。

壇坫喜隨名士展，江湖思泛美人舟。

服官預兆期頤壽，豁達襟懷醉忍休。

次韻寄海洲翁〔註659〕

地老天荒自在身，一枝彩筆寫宜春。

詩人胸次無拘束，談笑能消萬斛塵。

自題片影〔註660〕

我生何不辰，弱冠遭喪亂。禍水降自天，骨肉驚離散。

旋抱失怙悲，痛極奈何喚。未及伸父冤，忍辱事文戰。

主司眼垂青，笑容舒滿面。竊擬步雲程，又值生外患。

困頓五十年，論世宜駭汗。而今逾古稀，回首增浩嘆。

自分是棄才，斧斤不用斷。〔註661〕

春日感賦〔註662〕

容易春將半，勞生轉自忘。敢期千日酒，只慮一家糧。

老我偏枵腹，逢人總斷腸。平居慚飯袋，節食費思量。（一）

莫覓千鍾粟，書中語竟虛。折腰無斗米，餬口尚園蔬。

粒粒同珠玉，嗷嗷遍里閭。厚恩施格外，感激一欷歔。（二）

〔註657〕《詩報》昭和 19 年（1944）6 月 6 日，316 號頁 5。

〔註658〕《詩報》昭和 19 年（1944）6 月 6 日，316 號頁 9。

〔註659〕《詩報》昭和 19 年（1944）9 月 5 日，319 號頁 5。

〔註660〕《鹿江集》頁（1）。

〔註661〕詩末自署日期：「民國三十三年時七十有五歲」。

〔註662〕張瑞和編《詹作舟全集‧四‧傳統詩篇‧上》頁 344，時在民國 34 年（1945）。

臺南宿夜〔註663〕

吟鞭遙指赤崁城，訪舊爭先倒屣迎。

談笑風生能卻暑，睽違日久更關情。

喜開文宴群賢集，坐看醇醪滿座傾。

賓主聯歡詩唱和，美人勸飲到殘更。

午夢〔註664〕

午夢醒時日已斜，晚風順到捲塵沙。

如何秋半猶炎熱，不喚調冰只喚茶。（一）

客來坐對汗涔涔，索墨題箋即景吟。

潦草不妨酬彼願，一番送客立墻陰。（二）

南遊紀事〔註665〕

斜風細雨入諸羅，山色溪光畫意多。

甫卸行裝詩已就，不知吟侶近如何。（一）

訪舊惟憑德律風，酒家〔註666〕訂約在城東。

須臾朋輩〔註667〕如雲集，個個傾樽話別衷。（二）〔註668〕

只宜一宿計行程，先寄魚書赤崁城。

最愛風流黃叔度，同車唱和各怡情。（三）〔註669〕

車中有約宿緱山，先後停驂片刻間。

違願客宵偏異宿，枉勞下榻竟拋閒。（四）〔註670〕

〔註663〕張瑞和編《詹作舟全集·四·傳統詩篇·上》頁307，時在民國34年（1945）。

〔註664〕張瑞和編《詹作舟全集·四·傳統詩篇·上》頁312，時在民國34年（1945）。
詩後「編按」載：「詩後註明『率筆不堪言詩，只爲拋磚引玉起見』。」

〔註665〕張瑞和編《詹作舟全集·四·傳統詩篇·上》頁346，時在民國34年（1945）。
據手稿影本顯示：此組詩乃書寫於「孔教報原稿用紙」上。
《鹿江集》頁124收錄，題作〈南遊雜詠〉，原註皆未見，又部分文字有所出入，因再鈔之。
又，此組詩同見於黃拱五《拾零集文詩合編》頁15，題作〈南遊雜詠〉，亦錄入註語，與《詹作舟全集》據手稿作者原註之語，部分文字略出入，意義大體類同。

〔註666〕「酒家」，「酒」字仄聲誤，《鹿江集》改作「詞壇」。

〔註667〕「朋輩」，《鹿江集》改作「多士」。

〔註668〕「個個傾樽話別衷」，《鹿江集》改作「把管攤箋敘別衷」。

〔註669〕《詹作舟全集》據手稿作者原註：「謂黃拱五氏」，原註《鹿江集》未見。

吟宴安排第一樓，元龍豪氣廣交遊。

座中盡是能詩客，占席憐余已白頭。（五）〔註671〕

一竿紅日赴東津，岸草江花設色新。

下馬入門相見喜，故人已復舊精神。（六）〔註672〕

胡麻一飯致殷勤，海外歸來述見聞。

忽觸平生飛動意，倘容叱吒及風雲。（七）〔註673〕

不辭辛苦話斯須，置酒旗亭日已晡。

送我北歸情繾綣，勝他朗月照長途。（八）〔註674〕

謹次寄懷原玉〔註675〕

果然月是故鄉圓，一路山花著雨鮮。

作客飽聽霓羽曲，思君忽寄彩雲箋。

歡場回首同春夢，佳節關心結酒緣。

烏鵲南飛知有日，不忘天竺桂堂仙。

次韻（洪耀如〈嵌城旅次重晤元胡詞兄〉）〔註676〕

相逢無事只談詩，魯鈍如余莫笑遲。

但得偷閑消永晝，自家懶惰自家知。

〔註670〕《詹作舟全集》據手稿作者原註：「余與拱五，一宿大東，一宿大和」，原註《鹿江集》未見。黃拱五《拾零集文詩合編》頁15註：「謂余宿大和館，拱五宿大東館。」

〔註671〕《詹作舟全集》據手稿作者原註：「陳家駒氏設席邀宴」，原註《鹿江集》未見。又，「宴」，手稿作「讌」；「占」手稿作「佔」。

〔註672〕《詹作舟全集》據手稿作者原註：「此行爲問黃景謨氏病已痊癒」，原註《鹿江集》未見。

〔註673〕《詹作舟全集》據手稿作者原註：「黃景寬氏歸自南京」，原註《鹿江集》未見。

〔註674〕《詹作舟全集》據手稿作者原註：「謂陳寄生氏治筵留飲」，詩後〈編按〉：「信尾『即乞見賢、作舟詞兄和章勿吝　梅樵獻醜』。」原註《鹿江集》未見。黃拱五《拾零集文詩合編》頁15原註：「寄生氏自姜園來訪并治酒送別。」又，「晡」字《鹿江集》作「哺」、《詹作舟全集》作「脯」，皆誤，今改。

〔註675〕黃拱五《拾零集文詩合編》頁16，1942年刊本。此詩置於〈南遊雜詠〉後，因序列之。

〔註676〕楊乃胡著，吳智雄編《楊乃胡先生詩集》頁35。臺南：臺南市立圖書館，2006年12月。未詳年代，暫置日治末期。

玉女峰歌——壽張母蔡孺人古稀〔註677〕

玉女峰開勢開張，百尺千尺莫能量。

有時挂筑峰頭立，俯視茫茫臨八荒。

亭亭四曲爲畫本，石齒皓皓螺髻蒼。

峰前峰後多松柏，峰坳一片半栽桑。

餘地發生忘憂草，又有細草生異香。

左右岡巒侍其側，直似媵妾捧巾箱。

大山小山各兀峙，宛若兒孫列兩行。

名山靈秀久鍾毓，得此閒氣豈尋常。

斗山氣象比玉女，天姥峨眉無由方。

是母聚族斗山麓，元氣積厚壽而康。

子賢宜乎母食報，門閭光大榮枌鄉。

含飴繞膝娛晚境，舞綵階前笑郎當。

修養妙有長生訣，三世採藥事岐黃。

享壽奚止千百歲，七十設帨究何妨。

一時展裙如雲集，獻頌晉酒登華堂。

翹望婺星遙致祝，臨風朗吟九如章。

相思曲〔註678〕

人生哀樂關聚散，勞燕分飛魂易斷。

逢君記是開花時，別君忽忽秋將半。

秋風吹愁愁轉多，秋月照人心緒亂。

臨歧幾度勞叮嚀，叫妾寬懷莫咨嘆。

各自加飯且增衣，消息往來憑魚雁。

休令瘦損到芳容，相去不比隔銀漢。

對語妗有德律風，朝朝暮暮任呼喚。

君言至今猶在耳，未免有情尚戀戀。

〔註677〕施梅樵致詹作舟詩稿。題下原註：「蔡孺人係斗六詩人張立卿、嘉義張乃賡醫學博士之母。樸素與他兄弟不相識，亦與斗六諸詩人不相識，日前以雲峰吟社之名索詩，乃賦此應之。」錄自張瑞和編《詹作舟全集・六・傳統詩篇・下》頁462。未詳年代，暫置日治末期。

〔註678〕本詩爲施梅樵致詹作舟詩稿。錄自張瑞和編《詹作舟全集・六・傳統詩篇・下》頁463。未詳年代，暫置日治末期。

長相思兮短相思，長相思兮無涯岸。

早知因此廢眠食，卻悔當年曾識面。

贈章興仁兄〔註679〕

淨掃黃金階，飛霜皓如雪。

下簾彈箜篌，不見此秋色。

贈許稼秋大國手行書七言對聯〔註680〕

不讓古人思著作／但期後世力耕耘

行楷七言聯〔註681〕

山靜水深趣舍異／風和日朗古今同

卷三　戰後時期作品

臺南誌感〔註682〕

忍教蹤跡離嵌南，報道驪珠信可探。

未肯雄心淪浩劫，此行歸去日方三。（一）

樓臺金碧半成煙，滿地灰塵欲接天。

忽觸升沈身世感，廿年舊雨尚情牽。（二）

除夕書懷〔註683〕

終歲勞勞未息肩，逐貧賦尚待成篇。

深憂充實無書庫，癡望豐收有硯田。

禾黍誰知來碩鼠，戈矛何處截烏犍。

祭詩酒脯謀諸婦，物換星移又一年。

〔註679〕落款：「章興仁兄雅屬。梅樵。」蒙二林書法家許明山先生慨示，敬致謝忱。原無題，為便於稱引，因由編者代擬標題。

〔註680〕落款：「稼秋大國手雅賞　梅樵書」，鈐印：白文：「施天鶴印」，朱文：「梅樵一字蛻奴」。136*33公分。見梁基德《清翰林等科舉名家墨跡藏珍》頁112。彰化福興鄉：梁基德，2001年3月初版。

〔註681〕國立臺灣美術館典藏。未詳年代，暫置日治末期。

〔註682〕張瑞和編《詹作舟全集·四·傳統詩篇·上》頁363，時在民國35年（1946）。

〔註683〕張瑞和編《詹作舟全集·四·傳統詩篇·上》頁365，時在民國35年（1946）。

南屯新集吟會偶作〔註684〕

憑誰隻手挽狂瀾，人境蕭條不忍看。

一線斯文天未喪，揚風扢雅仗吟壇。（一）

江山閒氣毓才人，志自崇高學自醇。

整頓偏師期制勝，縱經浩劫尚全真。（二）

高樓百尺得階梯，東箭南金品各齊。

晤對一堂誠樂趣，欲留鴻雪藉詩題。（三）〔註685〕

建築謏懿宮緣起〔註686〕

昔先王以神道設教，蓋以神聰明正直，而憑依在德也。古人謂神有功於民，則祀之。舉凡上而卿相，下及士庶，如有疾病之厄，有水火之災，有刀兵之劫，神殆不為之庇護。則民有賴於神者以此，神之德於民者亦以此。故宮廟以祀之，馨香以祝之，殆為是歟？

向者，村有崇奉三聖恩主，村人禱之，殊靈應。惜未曾立廟，每逢歲時伏臘，春秋祭典，踐土立壇，以畢其事，頗覺不便。爰請村之耆老某某諸氏共董其事。各捐巨貲，竭力鼓舞，適村之好義者某君，慨然以幾何之地獻為廟基，以襄義舉，其議遂完。因擇日鳩工建築，至丁卯年冬月告竣。廟既成，諸董事乞恩主降筆命名，為表其額，曰謏懿宮。自是人民安樂，香火繁盛，顯赫威靈，聲聞遐邇。茲當落成佳辰，謹將建築之緣起敘之，以示後人云爾。

作舟見賢枉顧〔註687〕

二妙欣相訪，當門急下車。雨中愁老屋，花外曝殘書。

衰弱人都厭，疏狂習未除。支持薪米事，猶是負居諸。

〔註684〕張瑞和編《詹作舟全集·四·傳統詩篇·上》頁394，時在民國35年（1946）。

〔註685〕《詹作舟全集》據手稿於詩後〈編按〉載：「信尾『余每星期到南屯講解，現十餘人，以後定有增加。每星期九點乘自動車往，午后三點歸臺中，似不辛苦。』」

〔註686〕張瑞和編《詹作舟全集·六·傳統詩篇·下》頁465，時在民國36年（1947）1月。文末作者自署：「民國三十六年一月□日」。謏懿宮在今彰化縣永靖鄉永北村。

〔註687〕張瑞和編《詹作舟全集·四·傳統詩篇·上》頁443，時在民國36年（1947）。同頁詹作舟作〈曁見賢詞兄訪梅樵先生於孔門路寓所〉。又見《徐見賢詩集》頁133。

醉中放歌〔註688〕

有客下馬日將晡，枝頭宿鳥喚提壺。

斗酒十千行且沽，入新豐市命小奴。

買春歸來聲疾呼，相與斟酌爲歡娛。

賓主對飲莫嫌孤，迥殊阮籍哭窮途。

鯨吞牛飲高陽徒，結交義俠之釣屠。

藉糟枕麴不憂虞，掀天揭地只須臾。

何患石爛與海枯，酒泉一郡誰與具。

放翁太放愚公愚，最鄉高臥容老夫。

如此清福世所無。〔註689〕

獨坐〔註690〕

獨坐懷良伴，疏狂愧老年。故人猶幸健，新詠未曾編。

從眾吾何敢，憂時夜不眠。隔墻呼野叟，絮話四更天。（一）

客贈柴桑菊，欣然植古盆。愛他開素蕊，伴我坐黃昏。

不羨冠裳貴，惟知氣節尊。蹉跎五十載，得失與誰論。（二）〔註691〕

病中作〔註692〕

臥榻呻吟閱朝夕，難求靈藥慰無聊。

老饕柺腹誰填滿，五斗還須替折腰。〔註693〕

贈施天福行楷七言聯〔註694〕

天高得藉清雲步／福厚還須碧海藏

〔註688〕張瑞和編《詹作舟全集・四・傳統詩篇・上》頁453，時在民國36年（1947）。

〔註689〕《詹作舟全集》據手稿於詩後〈編按〉載：「信後梅樵自註『此作句句押韻別創一格』。」

〔註690〕張瑞和編《詹作舟全集・四・傳統詩篇・上》頁454，時在民國36年（1947）。。

〔註691〕《詹作舟全集》據手稿於詩後〈編按〉載：「信稿後寫『伏祈和章　梅樵未是稿。』」

〔註692〕張瑞和編《詹作舟全集・三・書信雜文篇》頁214「施梅樵書信八」，時在民國36年（1947）冬。詹作舟有〈和梅樵先生病中作原韻〉。又見於《詹作舟全集・四・傳統詩篇・上》頁458。

〔註693〕原註：「胃病因腹飢即痛。」

〔註694〕《鹿江集》頁（4）。落款：「民國丁亥春梅樵七十八歲書」。按：丁亥爲民國36年。

贈施天福〔註695〕

追風逐電有奇能，□蹶霜蹄感不勝。
卻喜精神猶煥發，前途可望首軼騰。

病中偶作〔註696〕

偶然遊戲落人間，性質真同頑石頑。
競利爭名吾豈敢，口口勘破死生關。（一）

八十年來寂寞過，名山著作恨無多。
勝他傀儡場中客，奔走權門受折磨。（二）

傳心以詩寄懷次韻答之〔註697〕

歲歲風塵歷暑寒，飽嘗世味悟辛酸。
隨身健僕攜長劍，如意明珠落滿盤。
偶看枯梨成蟻陣，漫期佳茗晉龍團。
小園重秩猶餘地，釀酒留賓續古歡。（一）

風雨關山暮色淒，隔江樓閣盡低迷。
飛花曲徑鶯饒舌，草長平蕪馬沒蹄。
求寶誰人知地脈，避囂何處借天梯。
管城藉作登臨記，安得年供墨一溪。（二）

鳳栖應上碧梧枝，一片祥雲擁護持。
名將自優經世略，書生待立紀功碑。
人因磨折才逾大，馬慣奔騰力不疲。
抱負非常天默相，涵濡情性好匡時。（三）

聯床相與敘平生，交締忘年倍有情。
入世忽逢蒼狗幻，買山且把白雲耕。
文章氣節人爭重，金皷洪鐘叩則鳴。
吾道就衰思補救，幾同敗北勵精兵。（四）

〔註695〕《鹿江集》頁(4)。七律中堂。落款：「民國三十有六年」、「天福宗□□□□」、
　　　　「梅樵七十有八歲書」。

〔註696〕見張瑞和編《詹作舟全集・五・傳統詩篇・中》頁71。按：據詩中有言「八
　　　　十年來」，以此推算：本詩應作於民國37年（1948）冬至後到民國38年（1949）
　　　　正月過世前。

〔註697〕《臺灣詩學》第二輯頁5，民國37年（1948）11月30日。作者署名「可
　　　　白」。

次姚石如秘書韻〔註698〕

倦鳥歸巢語慣聽，舍南典水響泠泠。

飛霞過岸三分赤，落日銜山一抹青。

小立門前看走馬，偶依樹下數流螢。

納涼時節歡無限，朗朗高懸兩客星。（一）

劫餘猶喜共琴樽，吾輩何心計飽溫？

未敢和歌酬白雪，那堪投刺向朱門？

未人體諒原知錯，生我劬勞莫報恩。

抱恨終天何處訴？回思往事惹銷魂。（二）

早梅〔註699〕

羅浮醉夢喜初回，數點春光不染埃。

知汝霜寒能忍耐，一枝先向嶺頭開。（一）

春信關心故故催，忽傳庾嶺已先開。

北枝卻比南枝緩，消息遊人莫見猜。（二）

春煙〔註700〕

驚疑濃霧蔽層霄，咫尺渾如萬里遙。

卻怪東風吹不散，園花開日也無聊。

◎存目：

大正年間埔心武舉人黃耀南畫像題詩。〔註701〕

扇面題詩。〔註702〕

與詹作舟書信十九封。〔註703〕

〔註698〕《臺灣詩學》第二輯頁6，民國37年（1948）11月30日。作者署名「可白」。

〔註699〕《臺灣詩學》第二輯頁33，民國37年（1948）11月30日。螺溪吟社擊缽吟，分別得第右一左避、右八左避，左詞宗施梅樵，右詞宗謝梅仙。

〔註700〕賴子清《臺灣詩海》頁13。民國43年（1954）3月，臺北。又收錄於賴子清《臺海詩珠》頁207。民國71年（1982）5月，臺北。以其題目與上列詩題相同，因並列以俾觀覽。

〔註701〕曾慶國主編《埔心鄉志》頁471「黃舉人夫婦畫像」。

〔註702〕《鹿江集》頁（6）。

〔註703〕張瑞和編《詹作舟全集三·書信雜文篇》，永靖鄉：詹作舟全集出版委員會，2001年11月初版。

附錄二　施梅樵往來詩友題名錄簡表

【編輯凡例】

一、詩友彙錄主要範圍：《捲濤閣詩草》、《鹿江集》與筆者拙編《施梅樵佚作彙編》（附錄一）三部作品集。

二、原附詩友小傳及與梅樵往來詩文題錄，詳參拙著博士論文。今為節約篇幅，各詩友僅註明地籍，其不詳者則闕如。無從查考完整姓名者不錄。

三、依姓氏筆畫編排序列之，俾便檢索。

三劃

久保天隨，日本人　　　　　　上山滿之進，日本人

四劃

王一儂，彰化鹿港人　　　　　王子典，雲林斗南人

王又新　　　　　　　　　　　王少濤，臺北人

王則修，臺南新化人　　　　　王友芬，彰化市人

王石鵬，新竹人　　　　　　　王竹修，臺中市人

王坤泰，高雄鳳山人　　　　　王臥蕉，臺南人

王瑤京，新竹人　　　　　　　王清淵，苗栗苑裏人

王舜年，彰化鹿港人　　　　　王開運，臺南人

王芷香，臺南人　　　　　　　王叔潛，彰化鹿港人

王柳園，嘉義布袋人　　　　　王清實，彰化人

王夢弼　　　　　　　　　　　王義貞，彰化市人

王養源，彰化鹿港人　　　　　王寶書，彰化鹿港人
尤人鳳，臺中市人　　　　　　尤瑞，彰化溪湖人
尤銳明　　　　　　　　　　　尤鏡明，屏東人
內田嘉吉，日本人

五劃

丘荷公，福建上杭人　　　　　古少泉，中壢人
白晴屏　　　　　　　　　　　白華，岱江詩社社員
石中英，臺南人　　　　　　　石汝鏘，彰化人

六劃

朱如松　　　　　　　　　　　朱苐亭，嘉義人
朱傳明，桃園中壢人　　　　　朱夢仙，澎湖人
朱曉菴，中壢大東吟社員　　　江亢虎，江西上饒人
江柳船　　　　　　　　　　　江紫元，桃園大溪人
汪式金　　　　　　　　　　　沈梅岩，新竹人
沈笛亭　　　　　　　　　　　沈堤元

七劃

何孔昭，雲林西螺人　　　　　何松甫，臺北基隆人
何策強，彰化溪湖人　　　　　何達，高雄東港人
余冠英，臺北艋舺人　　　　　吳乃占，臺南人
吳乃儂　　　　　　　　　　　吳士茂，彰化鹿港人
吳子屏　　　　　　　　　　　吳子瑜，臺中太平人
吳半樵，彰化田中人　　　　　吳亦宗，桃園人
吳如玉，臺北瑞芳九份人　　　吳克明，雲林斗六人
吳松淵　　　　　　　　　　　吳苐
吳紉秋，澎湖人　　　　　　　吳迺豐，彰化員林人
吳梅洲，臺北基隆人　　　　　吳景山，雲林斗六人
吳萱草，臺南北門嶼人　　　　吳維岳，南投人
吳澄江，彰化大城人　　　　　吳蔭培，新竹人
吳醉蓮，南投人　　　　　　　吳蘅秋，彰化市人
呂申甫，彰化鹿港人　　　　　呂杏洲，臺北基隆人

呂喬南，彰化彰化鹿港人　　　　呂龍泉

李少菴，臺北人　　　　　　　　李君曜，彰化人

李怡庭，臺北人　　　　　　　　李昌期，南投草屯人

李金燦，臺北人　　　　　　　　李春塗

李崇禮　　　　　　　　　　　　李碩卿，臺北人

李櫻航，臺中人　　　　　　　　杜友紹，彰化鹿港人

杜香國，臺中大甲人

八劃

李崇禮，彰化市人　　　　　　　周文俊，嘉義布袋人

周石輝，桃園人　　　　　　　　周定山，彰化鹿港人

周博堂　　　　　　　　　　　　周鴻濤，嘉義布袋人

周桂屏　　　　　　　　　　　　周願愚

岩田鶯崖，日本人　　　　　　　林力

林子惠，臺北人　　　　　　　　林友笛，嘉義朴子人

林天爵，彰化員林人　　　　　　林玉山，嘉義市人

林玉書，嘉義人　　　　　　　　林石峰

林伯廉，彰化北斗人　　　　　　林克明，嘉義竹崎人

林延年，臺南人　　　　　　　　林承郁，南投人

林武烈，臺中大里人　　　　　　林建章

林振窗，臺中豐原人　　　　　　林格明

林珠浦，臺南市人　　　　　　　林純卿，嘉義東石人

林荊南，彰化竹塘人　　　　　　林培張，嘉義竹崎街人

林淇園，臺北基隆人　　　　　　林清敦，臺北新莊人

林雪若，南投市營盤口人　　　　林尊三，屏東東港人

林朝崧，臺中霧峰人　　　　　　林筱顏

林維朝，嘉義新港人　　　　　　林寶鏞，彰化人

林獻堂，臺中霧峰人　　　　　　林耀亭，臺中大里人

林鐘英，竹塹苦苓腳莊人　　　　邱仙樓，苗栗銅鑼灣人

邱宜生，埔里櫻社社員　　　　　邱榮習，南投埔里人

邱耀青，臺東人　　　　　　　　青木姿森，日本人

九劃

姚石如   施一鳴，彰化鹿港人

施士洁，臺南人   施子卿，高雄茄萣人

施天福，嘉義人   施水池

施安堍，彰化鹿港人   施良

施性湍，彰化鹿港人   施性澄，彰化鹿港人

施家本，彰化鹿港人   施家彪，彰化鹿港人

施啓賢，彰化鹿港人   施教堂，臺北市奎府町人

施進傳，彰化鹿港人   施壽柏，臺中人

施端輝，彰化鹿港人   施緝亭，彰化鹿港人

施震寰，彰化鹿港人   施學文，彰化溪湖人

施學賢，彰化鹿港人   施讓甫，鹿港人

柯燈燿，菱香吟社社員   洪元煌，南投草屯人

洪世楨，彰化鹿港人   洪以倫，彰化芳苑人

洪兼   洪特授，彰化鹿港人

洪能傳，彰化二林人   洪棄生，彰化鹿港人

洪遙孚   洪耀如

洪鐵濤，臺南人   胡殿鵬，臺南安平人

范良銘，宜蘭蘇澳人

十劃

徐見賢，彰化永靖人   徐杰夫，嘉義人

徐埴夫，嘉義人   徐雲騰，南投埔里人

海洲，日本人   袁飲湘，臺中豐原人

高文淵，臺北人   高泰山，彰化人

高肇藩，臺北人

十一劃

國本豐照，日本人   張九疇，臺中豐原人

張文翁   張玉書，南投草屯人

張和鳴，彰化員林人   張雨亭

張春軍   張春華

張祉亭

張純甫，新竹人

張進國

張蒲園，臺南七股人

張廬山，彰化員林人

張麗俊，臺中豐原人

張鶴年，基隆市人

梁盛文，桃園中壢人

荷香女校書，臺南人

莊太岳，彰化鹿港人

莊玉坡，臺南人

莊柳垣，彰化員林人

許少逸，嘉義民雄人

許幼漁，彰化鹿港人

許存德，彰化鹿港人

許奇高

許迺蘭

許梅舫，彰化鹿港人

許劍亭，臺北市人

許稼秋，彰化鹿港人

許韻梅，臺南人

郭水源，臺北淡水人

陳子敏，彰化鹿港人

陳友欽，高雄人

陳甘澍，臺北基隆人

陳汝甘，彰化永靖人

陳彤雲，菱香吟社社員

陳沙崙，福建廈門人

陳坤輝，彰化田中人

陳近鶴，彰化田中人

陳建上，彰化二林人

張息六，新竹人

張雪崖，南投人

張壽眉

張震谷

張瀛洲，臺北景美人

張饒村

彩雲女校書，嘉義人

粘漱雲，彰化鹿港人

莊士哲，彰化鹿港人

莊幼岳，彰化鹿港人

莊垂裕，新竹頭份人

許天奎，臺中外埔人

許文奎，彰化鹿港人

許存奏，臺南人

許志坤，彰化鹿港人

許阿斗，中壢大東吟社員

許國瀾，嘉義民雄人

許景雲，彰化鹿港人

許劍漁，彰化鹿港人

許燕汀，彰化北斗人

連德賢，南投草屯人

郭越菴，彰化鹿港人

陳元亨，彰化永靖人

陳古鈹，彰化二水人

陳如璋

陳竹舟

陳材權

陳其寅，臺北基隆人

陳牧村，彰化員林人

陳南曜，埔里櫻社社員

陳秋波

陳秋農，彰化二水人　　　　　陳茂松，台北淡水人
陳家駒，屏東人　　　　　　　陳庭瑞，臺北基隆人
陳基六，臺中清水人　　　　　陳寄生，屏東東港人
陳望遠，基隆瑞芳人　　　　　陳笛潭
陳雪滄，臺中市人　　　　　　陳復禮，臺北松山人
陳景寅，埔里櫻社社員　　　　陳渭雄，彰化市人
陳湖古，新竹人　　　　　　　陳雲翔，嘉義人
陳雲龍，彰化田中人　　　　　陳傳義，彰化田中人
陳道南，臺北基隆人　　　　　陳劍垣，彰化二水人
陳劍秋，南投人　　　　　　　陳醉雲
陳魯詹　　　　　　　　　　　陳錫津，雲林斗南人
陳鴻林　　　　　　　　　　　陳璧如，臺南人
陳韻青，埔里櫻社社員　　　　陳藻芬，臺中大甲人
陳藻雲　　　　　　　　　　　陳藻雲，彰化鹿港人

十二劃

傅錫祺，臺中潭子人　　　　　彭吉堂
曾友漁，嘉義布袋人　　　　　曾文新，新竹人
曾秋濤，竹社社員　　　　　　曾耿菴，高雄人
游見龍，南投草屯人　　　　　辜孝德，彰化鹿港人
辜捷恩，福建惠安人　　　　　黃子清，新竹人
黃丕承，雲林斗六人　　　　　黃召周，彰化埔心人
黃永風　　　　　　　　　　　黃玄中
黃如泉　　　　　　　　　　　黃君則
黃呈聰，彰化市人　　　　　　黃其文，彰化田中人
黃和鳴　　　　　　　　　　　黃坤松，中壢大東吟社員
黃宗垣　　　　　　　　　　　黃宗臨
黃昆榮，台北基隆人　　　　　黃欣，臺灣臺南人
黃金川，臺南鹽水人　　　　　黃金發，桃園人
黃建安，臺南人　　　　　　　黃拱五，臺南人
黃若臨　　　　　　　　　　　黃師樵，桃園大溪人
黃恭甫，臺南麻豆人　　　　　黃殷榮，彰化北斗人

黃偉略　　　　　　　　　　黃雪樵，南投集集人
黃景寬，屏東東港人　　　　黃景謨，屏東東港人
黃登高，臺中人　　　　　　黃絢章
黃舜田，彰化鹿港人　　　　黃傳心，嘉義東石人
黃溥造，彰化員林人　　　　黃萬生，臺北板橋人
黃維文　　　　　　　　　　黃鯤瀛
黃蘸影　　　　　　　　　　溫弼周，嘉義布袋人

十三劃

楊士華　　　　　　　　　　楊子青，臺中人
楊元胡，臺南人　　　　　　楊少波，南投埔里人
楊丕若，臺中清水人　　　　楊世註
楊石定，南投人　　　　　　楊仲熙，彰化溪湖人
楊克明，彰化人　　　　　　楊坤發，彰化人
楊英梧，彰化人　　　　　　楊笑儂，彰化人
楊連基，彰化溪湖人　　　　楊雲鵬，彰化人
楊敬亭，屏東人　　　　　　楊煥彩
楊爾材，嘉義朴子人　　　　楊嘯霞，臺北中和人
楊靜淵，宜蘭蘇澳人　　　　楊鶴年，彰化北斗人
葉更青　　　　　　　　　　葉德旺
詹作舟，彰化永靖人　　　　詹明漪
趙雲石，臺南人　　　　　　趙曉東，南投埔里人
趙璧城

十四劃

廖本通，雲林西螺人　　　　廖柏峰，臺中豐原人
廖煥章，雲林西螺人　　　　廖璧鋒
榕軒生，台北基隆人

十五劃

劉翠岩，桃園中壢人　　　　劉篁村，臺北人
蔡子昭，臺中人　　　　　　蔡子淘，臺北基隆人
蔡元亨，嘉義布袋人　　　　蔡文彬，彰化鹿港人

蔡栢陰，嘉義布袋人　　　　蔡啓運，苗栗苑裏人

蔡梓舟，臺中人　　　　　　蔡清福，嘉義布袋人

蔡葦航　　　　　　　　　　蔡頑石

蔡壽星，彰化鹿港人　　　　蔡漢津

蔡漢英　　　　　　　　　　蔡鴻謨，嘉義東石人

蔡麗邨　　　　　　　　　　蔡蘭亭，臺南人

鄭月澄，花蓮人　　　　　　鄭幼佩，新竹人

鄭永南，桃園人　　　　　　鄭玉田，新竹人

鄭竹溪，新竹人　　　　　　鄭香圃，新竹人

鄭家珍，新竹人　　　　　　鄭神寶，新竹人

鄭毓臣，新竹人　　　　　　鄭養齋，新竹人

鄭蘊石，新竹人　　　　　　鄭鷹秋，新竹人

蕉元亨　　　　　　　　　　駱香林，花蓮人

十六劃

劉時燠，彰化花壇人　　　　賴紹堯，彰化大村人

賴惠川，嘉義公館人　　　　鮑樑臣，澎湖馬公人

十七劃

蕭永東，屏東東港人　　　　蕭如松，彰化社頭人

戴還浦，新竹人　　　　　　薛玉田，屏東人

薛咸中，澎湖人　　　　　　謝子夷

謝金生　　　　　　　　　　謝長海，新竹人

謝若龍，彰化田中人　　　　謝紹楷，臺南人

謝尊五，臺北市人　　　　　謝景雲，新竹人

謝耀東

十八劃

簡若川，桃園人　　　　　　簡穆如，基隆人

顏笏山，臺北綠町人　　　　魏國楨，彰化田中人

魏清德，新竹人　　　　　　魏澄川，新竹人

魏篤生

十九劃

櫟園，嘉義布袋人　　　　　　羅秀惠，臺南人
羅炯南，新竹人

二十劃

蘇子淵　　　　　　　　　　　蘇心淵
蘇鴻飛，嘉義市人　　　　　　蘇櫻川
釋妙果，桃園平鎮人　　　　　釋斌宗，彰化鹿港人